이젠 진짜
리더십이
필요해!

십대를 위한 리더십 사용 설명서

이젠 찐짜 리더십이 필요해!

사□계절

차례

1. 의도하지 않은 시작   7
생각의 징검다리 **조별 과제에 대처하는 우리의 자세**   24

2. 깜짝 미션   29
생각의 징검다리 **카리스마 리더십**   48

3. 비전, 넌 뭐니?   53
생각의 징검다리 **비전 있는 리더로 서는 법**   69

4. 리더십이 정말 필요할까?   75
생각의 징검다리 **리더십이 소용없는 상황**   94

5. 최악의 리더는 바로 너야!   99
생각의 징검다리 **최악의 리더에서 벗어나기**   115

6. 리더십 이전에 팔로어십?   119
생각의 징검다리 **이런 팔로어 꼭 있다**   133

7. 윤리가 왜 필요해?   139
생각의 징검다리 **윤리적 리더십**   152

8. 팔로어도 아니고 하인이 되라고?   157
생각의 징검다리 **서번트 리더십**   172

9. 인드라 누이에게서 배우다   177
생각의 징검다리 **셀프 리더십**   192

10. 회장 선거   197

부록   207
작가의 말   233

1 의도하지 않은 시작

"이제 중학교 2학년이구나."

남궁찬을 보면서 엄마 민화순 씨는 한숨을 쉬었다. 이른바 아들의 '중2병'이 걱정되어 짓는 한숨만은 아니었다. 초등학교 때부터 학원에 보냈지만 남궁찬의 성적은 중간을 넘어 본 적이 없었다. 찬은 성격도 까다롭지 않고, 특별히 따돌림을 당하거나 말썽을 부린 적도 없다. 그래도 화순 씨 성에는 차지 않았다. 평소 이름에 민감했던 화순 씨는 아들의 이름을 지을 때도 깊이 고민했다. 어느 상황에서나 당차게 튀는 아이가 되었으면 좋겠다는 생각에 빛날 찬 자를 써서 '찬'이라는 이름으로 밀어붙인 것도 화순 씨였다. 찬을 키우면서 힘이 될 만한 좋은 것을 다 알아봐서 해 주었다. 그러나 찬이 이름값을 하는 것 같지 않았다. 요즘 같은 시대에 말썽 안 부리고 그 정도 하면 정말 잘 크고 있는 거라는 주변 사람들의 칭찬도 자기 속을 모르고 하는 말로 여겨져

마뜩잖기만 했다.

'더 늦기 전에 전환점을 만들어 줘야 해.'

고민하던 화순 씨는 아들의 진로 문제를 두고 남편과 상의했다.

"다른 부모들을 좀 봐요, 얼마나 투자를 많이 하는지. 지금 애를 제대로 이끌어 주지 않으면 남들보다 뒤처져서 한심하게 살 거야."

뜻이 다른 부부는 티격태격했다. 그러나 결국 화순 씨의 의견대로 학원을 바꾸고, 방학 때는 해외 연수도 보내는 등 교육에 투자를 더 하기로 결정했다.

연수 프로그램을 알아보던 화순 씨에게 마침 학교에서 새 학년을 맞아 나눠 준 가정 통신문은 선물 보따리처럼 느껴졌다. 통신문에는 올해 기획된 다양한 체험 프로그램이 안내되어 있었다. 그중에서 리더십 동아리의 우수 학생에게 자매결연한 미국 학교의 리더십 연수에 참가할 수 있는 기회를 준다는 내용을 보자 화순 씨는 눈이 번쩍 뜨였다.

"잘하면 어학연수 따로 갈 필요 없겠어."

화순 씨는 찬이 리더십 동아리에 들어 미국에 연수 가는 모습을 상상하는 것만으로도 기분이 좋아지는 것 같았다. 지난겨울 양평에 사는 찬의 사촌 형이 베트남에 있는 자매학교에 연수 다녀왔다며 자랑할 때 찬을 생각하며 얼마나 마음이 답답했던가.

'마침 작년에 바뀐 교장 선생님이 의욕적으로 일하시니 얼마나 다행이야?'

화순 씨는 부임하자마자 강당과 자전거 거치대도 바꾸고 교실

보수 공사에도 비용을 아끼지 않는 교장이 마음에 들었다. 하지만 찬은 입학 때부터 줄곧 학교를 어수선한 공사장으로 만든 교장이 싫었다.

동아리 선택 문제로 엄마하고 이야기를 나누던 찬은 1학년 때처럼 합창 동아리에 들었으면 하는 속내를 내비쳤다. 있는 듯 없는 듯 존재감이 크지 않아도 되는 동아리라 자신한테 딱 맞다고 생각했다. 찬은 수업 시간에 잘난 체하는 아이들이나 더 나대고 싶어서 리더십 동아리에 들 거라며, 자신과 같이 평온함을 추구하는 성격의 소유자는 스트레스만 받게 될 거라고 말했다. 하지만 돌아온 것은 정신 차리라는 엄마의 불호령이었다. 찬은 머리를 굴려 보았다.

'동아리 희망자가 다 차서 선착순에서 떨어졌다고 하면 되지 뭐.'

하지만 남궁찬의 꾀는 시작도 전에 무너졌다. 통신문이 나간 다음에 정식 신청 일자도 안 됐는데 리더십 동아리 문의가 밀려들면서 선착순으로 모집하는 것은 문제가 있다는 학부모들의 항의가 빗발친 것이다. 결국 신청자 중에 추첨으로 뽑기로 결정되고 말았다. 엄마는 찬이 동아리 신청을 제대로 했는지까지 확인할 기세라, 찬은 차마 합창단 동아리를 신청할 수가 없었다.

'운이 나쁜 내가 설마 리더십 동아리에 당첨되겠어?'

이렇게 생각하자 찬은 마음이 편해졌지만, 곧 다시 불안이 밀려들었다.

'아 잠깐, 운이 나쁘니 리더십 동아리에 붙는 거 아냐?'

동아리 당첨자 발표 날, 찬은 학교 게시판을 확인했다. 왜 슬픈 예감은 틀린 적이 없는지, 찬은 철커덕 리더십 동아리에 당첨되어 있었다. 대부분은 게시판에서 자신이 뽑힌 것을 확인하고 좋아했지만, 남궁찬처럼 입맛 쓴 표정을 짓는 아이들도 있었다. 찬은 그 아이들과 동지애 가득한 눈길을 주고받았다. 그중 한 아이가 투덜거렸다.

"아, 또 귀찮은 토론이랑 봉사로 만렙 찍겠군."

작년에 리더십 동아리가 어땠는지 찬도 소문을 들어서 알고 있었다. 그런 동아리에 들지 않고 편하게 합창단 활동을 하는 것을 얼마나 다행으로 여겼는지 모른다.

리더십 동아리의 지도 선생님은 리더는 발표를 잘하고 자발적으로 나서서 봉사도 할 줄 알아야 한다며 평소 토론을 시켰다. 클럽 활동이 아니라 정식 수업 같았다. 아니, 수업시간보다 더 힘들다는 소문이 났다. 학교 행사가 있으면 끝까지 남아 쓰레기를 줍거나 궂은일을 하고, 학교 행사가 없는 방학 때는 자발적이라는 이름 아래 타율적으로 대외 봉사에 동원되기도 했다. 학생들은 동아리 이름을 거꾸로 읽어 '십더리'라고 불렀는데, 욕 비슷한 발음에다 지저분하다는 뜻의 영어 단어 더티(dirty)를 합한 말이었다.

'아, 내 2학년 생활은 망했군.'

이런 찬의 속도 모르고 떨어진 친구 중 한 명이 부러운 눈길로 쳐다보며 말했다.

"나도 이번 기회에 성격을 한번 바꿔 보고 싶었는데."

그 말을 듣자마자 찬은 좋은 아이디어가 떠올랐다. 곧바로 그 친구와 함께 교무실로 리더십 동아리 선생님을 찾아갔다. 3학년 사회 과목을 가르치는 오예빈 선생님이 동아리의 새로운 지도 교사였다.

"선생님, 제가 리더십 동아리에 당첨되었는데, 이 친구가 더 들고 싶어 해서 양보하려고요."

오예빈 선생님은 찬의 얼굴을 뚫어지게 바라보며 물었다.

"진심이니?"

"네, 진심이에요."

수줍게 고개를 숙이며 찬이 대답했다.

"아, 좋네. 좋아."

선생님의 입가에 미소가 번졌다. 찬도 덩달아 미소를 지었다. 선생님은 찬과 친구를 번갈아 보면서 말했다.

"리더십 동아리 회원으로서 딱 필요한, 동료를 살피는 마음을 갖고 있다니 정말 대견하네. 선생님이 너 같은 훌륭한 회원을 놓칠 수는 없지. 너는 그 마음 그대로 동아리 활동을 열심히 해 줘. 이 친구는 대외 행사 같은 프로그램이 있을 때 특별 회원으로 참가할 수 있도록 해 줄게."

'어, 이게 아닌데.'

남궁찬은 당황해서 입을 벌린 채 서 있었다.

"동아리 운영 원칙이라는 게 있는데 추첨 결과에 따르지 않고 너도나도 와서 서로 바꾸겠다고 하면 문제가 생기지 않겠니? 양보해 달라고 떼쓰는 학생도 생길 거고. 너희는 선생님 입장 이해하지?"

친구는 아쉬워하면서도 고개를 끄덕였다. 하지만 찬은 여전히 입을 헤 벌리고 무슨 말을 해야 할지 몰라 가만히 있었다. 선생님은 찬의 어깨를 툭 치며 말했다.

"네 마음은 충분히 잘 전달되었으니 너무 아쉬워하지 마. 동아리 시간에 보자."

찬은 엉거주춤해 있다가 먼저 꾸벅 인사한 친구를 따라 교무실을 나왔다.

"아, 망했다."

찬은 자기도 모르게 한숨을 지으며 말했다. 차라리 가만히 있는 편이 가장 좋다는 교훈을 또 얻었다고 생각했다.

어느덧 동아리 활동 첫 시간이 되었고, 동아리 교실로 가는 찬의 발걸음은 무거웠다. 찬은 그동안 쌓은 내공을 발휘해서, 선생님의 시선을 가장 적게 받을 것 같은 교실 중간의 왼쪽 끝자리쯤에 앉으려고 했다. 하지만 그 자리는 이미 서둘러 교실에 온 학생들이 차지한 뒤였다. 오른쪽 끝도 마찬가지였다. 뒷자리는 말할 것도 없었다. 찬은 하는 수 없이 가운데 앞자리에 앉았다. 그러고서는 오기 싫어서 천천히 걸었던 자신을 탓했다.

'아, 이게 뭐람.'

찬은 한숨을 길게 내뱉었다. 그 순간 교실로 들어온 오예빈 선생님과 눈이 마주쳤다. 선생님은 환하게 웃었다. 찬은 고개를 숙였다. 선생님은 큰 소리로 자기소개를 한 다음에 학생들을 둘러보며 말했다.

"작년에도 리더십 동아리였던 사람 손들어 봐요."

4분의 1 정도의 학생이 손을 들었다.

"작년에는 김동근 선생님이 여러분을 위해 많이 고생하셨지요. 리더십 동아리가 좋아서 또 들어온 여러분을 실망시키지 않도록 저도 열심히 할게요."

"선생님 그렇게 말씀하시면 무서워요. 김동근 선생님보다 저희가 더 고생했어요."

한 여학생의 말에 손들었던 학생들이 모두 크게 웃으면서 고개를 끄덕였다.

"올해는 제가 새롭게 여러분과 리더십 동아리를 운영하고 싶어서 지도를 맡겠다고 나섰어요. 그리고 해외 연수도 기획해서 교육청 지원을 받게 되었어요. 그래서 작년과는 조금 다른 방식으로 동아리가 운영될 거예요. 여러분 모두 새로운 전설을 만든다는 마음으로 함께해 주기를 바랍니다."

"오예!"

학생들은 오예빈 선생님의 별명을 장난스럽게 외쳤다. 하지만 곧 학생들은 뭔가 알았다는 표정을 지었다. 찬의 눈도 커졌다. 가정 통신문에서 교장 선생님의 인사말에는 해외 연수 같은 것이 다 교장 선생님의 성과인 것처럼 써 있었기 때문이었다. 순간 조별 과제를 발표할 때 마치 자기가 다 한 것처럼 했던 조장의 모습이 떠올랐다.

"자, 이제 새로운 전설을 멋지게 시작할 동아리 회장을 뽑아야겠지요?"

선생님이 학생들을 빙 둘러보며 말했다. 일부러 눈을 마주치며 선생님의 관심을 끌려는 학생들도 있었고, 찬처럼 살짝 고개를 숙이는 학생들도 있었다.

"나는 절대 회장을 하고 싶지 않다는 사람, 손들어 봐요."

손을 든 학생은 한 명도 없었다. 찬은 혹시나 찍힐까 봐 아무도 손을 들지 않는다고 생각했지만, 선생님의 생각은 달랐다.

"그러면 모두 회장을 하고 싶은 거예요? 그러면 선생님이 아무나 시켜도 되겠네요?"

그 말에 몇 명이 조심스럽게 손을 들었다.

"선생님은 결사적으로 하고 싶지 않다는 사람을 군이 회장 시킬 생각 없어요. 정말이에요."

그 말에 더 많은 학생들이 손을 들었다. 찬도 손을 들려고 했지만 선생님 눈치가 보여 머뭇거렸다. 그리고 괜히 눈에 띄어서 좋을 것이 없다는 생각이 들어 그냥 가만히 있기로 했다.

"좋아요. 손든 사람은 교실 뒤쪽으로 가서 서 있어요."

"정말 안 시키시는 거죠?"

"네, 그래요."

손을 들었던 학생들은 룰루랄라 신이 나서 교실 뒤편으로 자리를 옮겼다.

"자, 그러면 이제 회장 하고 싶은 사람 손들어 봐요."

주로 앞쪽에 앉아 있는 학생들이 손을 들었다. 손을 들지 않은 찬은 이번에도 선생님과 눈을 마주치지 않으려 아예 고개를 푹 숙였다.

"좋아요. 지금 손든 사람들은 모두 칠판 앞으로 나와 줘요."

학생들이 우르르 일어나 교실 앞쪽으로 나왔다.

'아, 이제 끝났다.'

찬은 수그렸던 고개를 들었다. 이제 출마의 변을 듣고 투표만 하면 된다고 생각하니 마음이 편해졌다. 칠판 앞에 서 있는 학생들은 명찰을 보니 대부분 3학년이었다. 2학년은 1학년 때 같은 반이었던 김아린과 얼굴만 알고 있는 김학중뿐이었다. 1학년은 한 명도 없었다. 찬은 속으로 아린을 뽑으면 되겠다고 생각하며 다른 후보들을 건성으로 쳐다보았다. 그러다가 선생님과 눈이 마주쳤다. 선생님은 생글생글 웃으며 말했다.

"지금 앉아 있는 사람들은 뭐지요? 회장이 되고 싶은 것도 아니고, 되고 싶지 않은 것도 아니고."

선생님은 웃음기를 거두더니 진지한 표정을 지었다.

"이 중에서 3학년은 일어나 봐요."

선생님은 그 학생들을 교실 오른쪽 벽 앞으로 가서 서게 했다. 그다음에는 1학년을 일어나게 해서 왼쪽 벽 앞에 서게 했다.

"1학기 회장은 지금 앉아 있는 사람 중에서 결정합니다."

그 말에 교실 뒤편과 양옆에 서 있던 학생들이 환호성을 질렀다. 반면 칠판 앞에 서 있는 학생들과 자리에 앉아 있는 학생들은 잔뜩 불만스러운 표정을 지었다. 선생님은 묘한 웃음을 지으며 말을 이었다.

"지금 회장을 뽑는다고 해도 서로 잘 모르니 이미지 평가밖에 안 되는 거잖아요. 그래서 1학기를 함께 지내면서 서로를 안 다음에 2학기 회장을 다시 뽑을 거예요. 2학기 회장은 여름 방학 때 있을 해외 연수부터 임무를 시작할 거예요. 리더십 공부를 한 다음에 제대로 회장을 뽑아 그 과정과 결과를 분석하는 것이 바로 1학기 동아리 수행 과제인 셈이에요."

선생님의 말이 끝나자 앞에 서 있는 학생들의 표정이 좀 펴졌다. 반면에 앉아 있는 학생들은 시간이 갈수록 표정이 더 어두워졌다. 칠판 앞에서 좀처럼 표정이 펴지지 않던 한 학생이 상기된 얼굴로 물었다.

"동아리의 회장은 당연히 3학년이 해야 하는 것 아닌가요?"

"나이 많다고 리더가 되는 것이었나요? 대통령이나 국회의원 선거를 봐도 나이 많다고 리더로 뽑히는 것은 아니지요?"

선생님은 예상했던 질문이라는 듯 바로 맞받았다. 그 학생은 아무 말도 하지 못하고 입만 삐죽거렸다.

"제가 생각하는 리더십 프로그램이 효과가 있다면 중간인 2학년, 그중에서도 자기주장을 확실히 하지 않는 사람도 리더가 될 수 있어야 하겠지요? 여러분만 도전하는 게 아니라 저도 똑같이 도전하는 마음이에요. 그러니까 제가 제안하는 방식으로 1학기 회장을 뽑기로 해요."

"오예, 좋아요."

교실 뒤편에 서 있는 학생들이 합창하듯이 큰 소리로 외쳤다. 어쩔 수 없이 찬은 게임에서 지기만을 바랐다.

"자, 이제 앉아 있는 사람은 눈을 감고 손을 들어서 가위바위보를 하는 거예요. 한 사람이 이길 때까지."

선생님은 큰 소리로 말했다.

"자, 하나 둘 셋."

찬은 손을 들어 가위바위보를 했다. 그리고 그 손을 계속 내리지 못했다. 이제 두 명이 남았고, 찬은 다시 가위바위보를 했다.

"와!"

학생들의 외침에 눈을 떠서 결과를 확인한 찬의 입에서 "아!"하는 탄성이 절로 나왔다. 다섯 번의 승부 끝에 찬이 최종 승자가 되었던 것이다. 이를 지켜본 아린도 탄성을 질렀다. 물론 그 의미는 서로 달랐지만.

"자, 1학기 동아리 회장을 박수로 환영합시다."

선생님과 교실에 있는 학생들은 힘껏 박수를 쳤다. 찬에게는 박수 소리보다 자기 가슴속에서 쿵쿵 울리는 심장 소리가 더 크게 들렸다.

"회장으로서의 소감은 차차 행동으로 확인하기로 하고, 이제 앞으로의 계획을 이야기할게요."

선생님은 대형 화면에 준비한 파일을 띄웠다. 첫 화면에는 토론 주제들이 적혀 있었다. 지도 교사가 바뀌면서 완전 새로운 것을 기대했던 학생들 사이에서 웅성거림이 일어났다.

"작년에는 『초한지』 등 역사 속의 인물을 가지고 리더십 토론을 했다고 들었어요. 저는 리더십 이론에 대한 토론과 조별 수행 과제 방식으로 진행하려고 합니다."

수업 시간에도 피하고 싶은 토론과 조별 수행 과제라니, 학생들은 한숨을 지었다.

"보통 청소년 리더십 캠프에 가도 특정 주제에 대해서 이야기 나누거나 이미 정해진 프로그램에 따라서 행동할 뿐이지요? 리더십 이론을 공부하는 경우가 드물다 보니 자신에게 맞는 리더십을 찾지 못하고 자기 주도적으로 리더십을 펼치지도 못해요. 주최 측이 정해 놓은 대로만 따르고요. 저는 그런 게 아쉽게 느껴졌어요."

선생님은 리더십 이론은 기존 리더십에 문제가 있을 때 그것을 극복하려고 새롭게 나타나는 특성이 있다는 점을 강조했다.

"1학기 동안 리더십을 제대로 배워서 그에 맞는 리더를 뽑는 것도 좋은 경험이 될 거예요."

선생님은 먼저 학생들에게 학년별로 조를 나누도록 했다. 혹시나 학년을 섞어 놓으면 선배가 후배에게 일만 시키고 뒤로 빠지지 않을까 하는 염려 때문인 듯했다. 그렇게 염려되면 회장도 학년별로 정하고, 전체 회장은 3학년이 하도록 했으면 얼마나 좋았을까 생각하며 찬은 답답해했다. 아니, 사실은 선생님이 회장 하기 싫은 사람을 물어보았을 때 재빨리 손을 들었다면 얼마나 좋았을까 하며 후회했다. 이런저런 생각으로 찬은 선생님의 설명이 머릿속에 제대로 들어오지 않았다.

선생님은 학생들을 학년별로 앉게 했다. 자연스럽게 가운데 앉은 찬과 아린을 중심으로 2학년들이 모였다. 선생님은 교실 이쪽저쪽을 천천히 걸어 다니면서 조를 나누는 모습을 관찰했다.

"우리 조장은 정해졌네, 뭐."

한 학생이 찬을 보며 말했다. 평소의 찬이었다면 그게 당연히 아린과 같은 애를 보고 하는 말이라고 생각했을 것이다. 자신은 이름이 독특해서 처음에는 지목을 받지만 늘 그렇듯 미적지근한 반응을 보이면 결국 아린과 같은 모범생이 뽑혔기 때문이다. 하지만 오늘은 달랐다. 찬은 서둘러 말했다.

"회장 일도 많은데, 조장까지 하면 너무 정신없을 거야. 난 빼 줘."

"아, 그러셔? 1학년 때 우리 조에서 과제할 때보다는 일을 많이 하긴 할 건가 보지?"

아린이 삐죽거리며 말했다.

아린은 리더십 동아리에 대해 알아볼 때부터 놓칠 수 없는 좋은 기회라고 생각했다. 그리고 자신이 동아리 회장이 되면 더 멋진 경험을 할 수도 있을 것 같았다. 그런데 뜻대로 되지 않아 속상했다. 물론 찬이 회장 자리를 일부러 뺏어 간 건 아니지만 자기를 제치고 평소 존재감이 없었던 찬이 회장을 맡은 것 자체가 싫었다. 아린은 조장이라도 맡아 잘해서 2학기 회장이 되어야겠다고 다짐했다. 그러자면 일단 좋은 조원이 모인 조에 들어가야 했다. 아린은 손을 들며 말했다.

"어차피 여섯 명씩 조를 나눠야 하니까, 회장을 조장으로 뽑고 싶은 사람과 그렇지 않은 사람으로 나누자. 나는 그렇지 않은 조로 갈게."

"어, 난 조장 안 할 건데."

찬이 힘주어 말했다. 그러자 아린이 바로 말을 받았다.

"좋아. 아무튼 남궁찬이 있는 조로 갈 사람과 그렇지 않은 사람으로 나누자."

"왜 그렇게 나눠?"

찬이 눈을 동그랗게 뜨고 말하자 학중이 빙긋이 웃으며 끼어들었다.

"너, 아린이와 같은 조 하고 싶어 그러냐?"

찬은 아린과 학중을 번갈아 쳐다보다가 더듬거리며 말했다.

"아니, 그건 아니야. 정말이야."

이번에는 아린이 그 말을 받았다.

"좋아. 어쨌든 둘로 빨리 나누자. 조별 과제 하려면 빨리 정해서 업무 나눠야 하니까. 우리 조에 들어올 사람?"

1학년 때 학급에서 조장을 맡아 잘해 냈던 아린은 자신감 있는 목소리로 말했다. 아린의 말이 끝나기가 무섭게 여러 사람이 손을 들었다. 아린을 포함해서 순식간에 다섯 명이 되었다. 그중 한 명은 뻔뻔하게 무임승차하는 것으로 유명한 이인경이었다. 하지만 아린 자신과 모범생 세 명, 모두 네 명의 능력이 좋으니 잘될 것 같았다. 나머지 한 명도 누가 되었든 머릿수만 채우면 된다고 아린은 생각했다.

"한 명만 더 오면 돼."

아린이 나서서 말했다. 다른 조원들도 재촉하듯 나머지 학생들을 쳐다보았다. 하지만 아무도 선뜻 나서지 않았다.

'어, 이게 뭐야. 사정이라도 해야 하나?'

예상 밖의 상황에 아린은 당황했다. 아린은 미처 몰랐다. 학교 성적과 상관없는 동아리의 수행 과제이니 굳이 모범생들과 같이 할 필요가 없다고 생각하는 아이들도 있다는 것을. 나머지 사람들은 외국을 가면 좋기는 하지만 영어도 못하니 뽑힐 가능성이 없다고 생각해서 무난한 성격의 찬과 설렁설렁 장난치면서 수행 과제를 하고 싶어 했다.

다른 학년들도 조를 나누고 조장을 뽑는 과정에서 저마다의 이유로 혼란스러워 보였다. 상황이 해결될 기미가 보이지 않자 답답해진 아린이 손을 들고 선생님께 질문했다.

"선생님, 다섯 명으로 한 조를 짜도 되나요?"

잠자코 지켜보던 오예빈 선생님이 교단으로 자리를 옮겨 손뼉을 크게 세 번 쳤다. 학생들의 시선이 집중되었다. 선생님은 리더십 관점에서의 조별 과제와 현명한 조원 구성에 대해 설명하기 시작했다.

조별 과제에 대처하는 우리의 자세

조별 과제는 초등학교에서부터 중학교, 고등학교뿐만 아니라 대학교, 기업, 공공 기관에 이르기까지 흔히 수행한다. 특히 중·고등학교는 조별 과제로 수행 평가를 많이 한다. 특정 주제에 대해 공동으로 자료 조사와 정리를 하여 답을 내고 조 전체의 이름으로 작업물을 발표하면서 주제에 대한 이해력, 문제 해결력, 의사소통 능력, 협동심, 리더십 등을 배우도록 설계되었으며, 외국에서 그 효과가 검증되어 한국화된 것이다.

하지만 정작 한국의 중·고등학생들은 그 효과에 대해서 긍정적이지만은 않다. 이른바 '조별 과제 잔혹사'라는 말이 떠돌 정도로 서로 할 일을 미루다가 결국 누구 한 사람만 개인 과제처럼 떠맡게 되는 상황이 많이 발생하기 때문이다.

이렇다 보니 조별 과제를 한다고 하면 걱정부터 되기도 한다. 과정도 복잡하지만 결과에 대한 평가도 조 전체가 받는 경우가 많으니 좋은 성적을 바란다면 마냥 손 놓고 있을 수도 없다. 적극적으로 하자니 다른 조원에 비해 뭔가 손해 보는 것 같고, 그렇다고 소극적으로 있자니 욕 먹고 성적도 나쁠 것 같아 이러지도 저러지도 못해서 받는 스트레스가 상당하다.

조별 과제의 첫 번째 단계는 조 편성이다. 조를 짜는 방법에는 선생님이 임의로 지정해 주거나, 무작위 추첨으로 조원을 정하거나, 출석 번호로 나누거나, 앉아 있는 자리로 나누거나, 학생들이 자발적으로 정원에 맞게 조원을 모집하고 다른 조에 들지 않은 조원들끼리 선생님이 따로 짜 주는 방법이 있다.

자발적 조원 모집은 선생님의 개입이 적기에 학생들의 선택이 가장 중요하다. 나머지 방법이 운에 많이 좌우된다면, 이 방법은 선택을 어떻게 하느냐에 따라 그 결과가 달라진다.

조원 모집을 할 때, 선택은 크게 두 가지로 나뉜다. 첫째, 성적 중심의 선택이다. 이 경우 학생들은 예전 수업을 같이 들은 경험을 바탕으로 성적이 좋은 학생과 같은 조가 되기 위해 노력한다. 마치 쇠가 자석에 철썩 달라붙듯이 다른 조에서 먼저 스카우트하기 전에 "함께 하자."라고 말을 던진다. 그러면 선택을 받은 학생은 어떨까? 선택한 학생과 마찬가지로 자신도 성적이 좋은 학생을 찾으려 한다면? 그 학생도 이것저것 재느라 대개 "생각해 볼게."라는 미적지근한 반응을 내놓는다. 그러면 제안을 한 쪽은 심리적 상처를 입게 된다. 자신의 능력을 펼쳐서 조별 과제를 당당하게 하려고 했다면 받지 않아도 될 상처이다. 리더십 측면에서 볼 때도 자신이 주도적 역할을 하려는 것이 아니라 우등생의 능력에 얹혀서 가려는 것은 바람직한 선택이 아니다.

능력이 있어 상대방이 제안을 받아들인다고 해도 상처받을 확률은 여전히 크다. 왜냐하면 공부 잘하는 친구들이 모인 조에도 자기 공부 하느라 바쁘다며 무임승차하려는 사람이 있어서 불협화음이 생기는 경우가 많기 때문이다. 혹은 가산점을 더 받으려 서로 조장을 하겠다고 나서는 바람에 불화가 일어나기도 한다. 아린의 경우처럼 다른 모범생의 속마음은 읽지 않은 채 자신이 조장이 될 것이라 생각하고 일을 추진한다면 스트레스를 받을 확률이 높다.

여기서 꼭 생각할 것이 있다. 자신이 조별 과제에 기대하는 것이 무엇인지를 따져 봐야 한다. 성적 자체를 위한 것인지, 앞서 설명한 대로 여러 지식과 능력을 키우기 위한 것인지. 성적이 주요 관심사라면 끝까지 그것을 중심으로 생각해야 한다. 즉, 자신의 선택에 책임을 져야 한다. 성적을 위해 심리적 상처나 스트레스를 받는 것도 참아야 한다. 다른 조원과 합심해서 무임승차자를 안고 가거나, 조장을 하기 위해 극심한 경쟁을 감내해야 한다. 처음부터 스트레스를 많이 받을 방향을 선택했다는 것을 잊지 말아야 한다. 식당에 가서 비싼 요리를 선택하고서 왜 돈이 많이 드느냐고 한다면 앞뒤가 맞지 않는 일이다.

만약 배움이 개인적 조별 과제 수행의 목적이라면 좀 더 깊게 생각해 봐야 한다. 자신의 경험을 통틀어서 자기보다 훨씬 나은 사람에게 모르는 것을 물어봐서 배운 것이 더 많은지, 아니면 자기도 잘 모르는 것을 자신보다 실력이 떨어지는 다른 사람에게 설명해 주다가 확실하게 알게 된 경우가 더 많은지. 조별 과제에 대한 심리학과 교육학의 연구 결과에 따르면, 사람은 자신보다 실력이 좀 떨어지는 사람과 상호 작용할 때 훨씬 많은 것을 배운다.

단, 능력이 엄청 떨어지는 사람이 아니다. 자신보다 실력이 20퍼센트 이내로 차이 나는 사람을 선택해야 효과가 있다. 이것은 우등생이든 아니든 모두에게 해당하는 효과이다. 공부를 잘하는 학생들이 모인 외고와 과학고 등에 간 학생들 중에 오히려 성적이 떨어지는 경우도 이 효과를 적절하게 활용하지 못하고, 치열한 경쟁 속에서 스트레스만 받기 때문이다.

자신보다 좀 못하다고 생각하는 조원들을 모집한 학생은 주도적으로 일을 설계할 가능성이 높다. 이게 바로 리더십과 연결되는 행동이다. 사실은 실력이 엇비슷해서 조원들도 자신이 좀 처지는 아이들과 함께하고 있다고 생각하고 주도적으로 나올 가능성도 높기 때문에 조장이 되어도 힘이 덜 들게 된다.

여기서 생각해 보아야 할 점이 하나 있다. 중·고등학교를 벗어나 대학과 기업 등 사회에서 계속 조별 과제와 팀 프로젝트를 한다면 지금 당장의 성적과 진정한 배움 중에 어떤 것에 더 치중해야 할까?

다음으로, 재미를 목적으로 한 조원 모집을 살펴보자. 그전부터 친했던 친구끼리 조별 과제를 하는 경우, 과제를 하다가 우정이 깨질 위험이 존재한다. '친구면 당연히 이 정도는 해 줘야 하는 거 아니야?'라고 기대했다가 현실에서 다른 모습이 보이면 실망하게 된다. 기대를 뛰어넘는 현실은 그다지 많지 않다. 평소 머릿속으로 그리면서 가고 싶었던 여행지를 찾아가도 처음에는 참 좋았다가 좀 지나면 익숙해지고, 오히려 상상하지 못한 부정적인 면에 실망하는 것이 인간이다. 어른들도 친한 친구나 가족과 여행을 갔다가 싸우고 돌아오는 경우가 많다는 것을 잊지 말자. 기본적으로 즐거운 여행도 그러한데, 의무적으로 해야 하는 학교 과제는 어떻겠는가? 그 정도가 심하면 심했지, 덜하지는 않다.

친하고 싶은 학생과 조별 과제를 하는 방법도 있다. 이것은 아주 현명한 선택이다. 조별 과제를 통해 상대방이 정말 친해져도 될 사람인지 확인도 할 수 있다. 만약 친해지지 않아도 될 정도라면 조별 과제만 하고 거리를 두면 된다. 조별 과제를 새로운 친구 관계를 쌓는 기회로 생각한다면, 그 친구와 더 적극적으로 상호 작용하게 돼서 결과물도 좋다.

조원들을 낯선 인물로 구성하면 좋은 점이 또 있다. 사람은 뻔한 영화보다는 반전이 있는 영화를 좋아한다. 마찬가지로 원래 친해지고 싶었던 대상보다 미처 생각하지 못했던 다른 조원에게서 친근함을 발견해 더 재미있는 시간을 보낼 수도 있다.

그런데 조원을 모두 낯선 인물로 하면 어떨까? 만약 다섯 명의 조원을 모집한다면 이미 검증된 친구를 적어도 한 명은 확보해야 한다. 인간은 낯선 상황에서 스트레스에 취약하다. 스트레스는 원래 학문적으로 '개인의 안녕을 위협하는 것이며, 그에 대처하는 것에 부담을 느끼게 하는 상황'이라고 정의한다. 인간은 새로운 것은 일단 위협적이라고 본다. 그러니 그것을 조금은 줄일 수 있는 안전장치를 확보하는 것이 좋다.

2 깜짝 미션

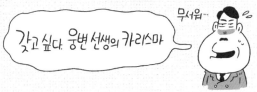

오예빈 선생님에게서 지혜롭게 조를 짜는 방법을 들은 학생들 중 몇몇은 자신들의 속내를 들킨 것 같아 부끄러웠다. 선생님은 한 번 더 기회를 줄 테니 조 구성을 바꿔도 된다고 했다. 그리고 인원수는 세 명 이상으로 자유롭게 하지만, 여섯 명이 가장 좋다는 말도 덧붙였다. 학생들 사이에서는 아까보다 더 활발하게 이야기가 오갔다.

　조 구성이 끝나고 조장이 뽑혔다. 아린은 처음부터 함께했던 모범생 이창엽과 다른 조에서 온 박은빈이 속한 조의 조장이 되었다. 원래 김아린 조였던 모범생 둘은 세 명 이상 조를 짜면 된다는 말을 듣자마자 따로 조를 만들어 나갔다. 아린은 아쉬웠지만 그 모범생들이 뻔뻔한 인경을 데리고 가 준 것은 다행이라고 생각했다. 학중은 여섯 명인 조의 조장이 되었고, 찬은 그 조의 팀원이 되었다. 1학년과 3학년은 각각 여섯 명으로 나뉘어 두 조를 만들었다. 2학년은 세 명이 조원인 두 조와 여섯 명이 조원인 한 조, 모두 세 조로 나누어졌다.

선생님이 리더십 이론에 대해 토론을 하고 수행 과제를 진행한다고 했으므로 조마다 어떻게 할지 의논을 하려고 하는데 선생님의 목소리가 들렸다.

"자, 이제 깜짝 미션을 발표할게요. 여러분의 첫 번째 수행 과제는 따로 있습니다."

웅성거림과 함께 학생들이 불만 섞인 표정으로 선생님을 쳐다봤다.

"미안해요. 그런데 여러분이 자주 보는 예능 프로그램에서도 깜짝 미션을 주잖아요. 그런 미션을 할 때가 더 재미있지 않나요?"

"아니 그건 볼 때나 재미있지, 직접 당하면 짜증 난다고요."

"좋아요. 그러면 딱 이번 한 번만 깜짝 미션을 줄게요. 약속!"

선생님의 애교 섞인 목소리에 학생들의 표정이 살짝 누그러졌다.

"깜짝 미션이 대체 뭔데요?"

"그건 왜 여러분이 현재 조장을 뽑았는지, 그리고 그 조장이 반장이나 회장으로도 뽑을 만한 어떤 리더십을 가지고 있는지를 토론을 통해 분석하는 거예요. 그리고 분석 결과를 다음 주에 발표하면 됩니다."

누그러졌던 불만의 목소리가 다시 커졌다. 그 소리를 뚫고 3학년 학생 중 한 명이 말했다.

"그 이유를 어떻게 당사자인 조장이 있는 데서 말해요?"

그러자 옆에 있던 조장이 당황한 듯 끼어들었다.

"뭐야, 말 못 할 이유로 날 뽑은 거야?"

"아니, 그건 아니고."

옥신각신하는 두 사람을 보며 다른 학생들은 한바탕 웃었다. 긴장감이 좀 풀어진 듯하자 선생님이 말했다.

"2학기를 책임질, 좋은 리더십을 가진 회장을 뽑는 것도 여러분의 수행 과제라고 했잖아요? 그러기 전에 여러분의 출발점은 어디인지 스스로 확인할 수 있도록 하기 위해 깜짝 미션을 준비한 거예요. 그러니 부디 나머지 시간 동안 솔직하게 말하고 분석해서 다음 주에 발표할 수 있도록 해요. 그런 다음에 리더십 유형에 대한 교재를 나눠 줄 테니."

처음에는 서로 눈치만 보다가 한 조에서 이야기를 시작하자 나머지 조들도 저마다 이야기를 나누기 시작했다. 웃음과 한숨이 교차하고, 얼굴이 벌겋게 된 조장이 있는가 하면 미소를 짓는 조장도 있었다. 일단 의견을 다 모은 다음에 발표할 내용을 확인하면서 조장들과 팀원들 사이에는 어색한 분위기가 감돌았다. 특히 김아린 조는 분위기가 어색하다 못해 험악할 정도였다. 어느덧 동아리 활동 종료를 알리는 종이 울렸다. 아린은 벌겋게 상기된 얼굴로 줄행랑치듯이 자기 교실로 가 버렸다.

종례 후 학원에 가서도 아린은 마음을 가라앉힐 수가 없었다. 조별 수행 과제를 할 때면 늘 조장을 도맡다시피 해서 자신이 리더십이 있고 다른 아이들에게 그것을 확실히 인정받은 덕분이라고 생각했다. 하지만 이번 팀원들이 말한 내용을 살펴보면 리더십이라기보다는 실무 능력이 좋고 팀원 자신이 더 편하게 원하는 목표를 얻을 수 있다는 게 전부였다. 처음에는 목표를 잘 이루게끔 능력을 펼치는 것도 리더십이라고 생각하며 대수롭지 않게 넘겼다. 그런데 분석을 하면 할수록 팀원들은 리더십과 아린을 연결시키지 않았다.

"일 잘하는 리더가 좋기는 하지만, 일 잘하는 것은 팀원이어도 되는 기잖아. 일 처리 능력 말고 리더로서 갖춰야 하는 요소 중에서 나를 뽑은 이유가 있을 거 아니야?"

이렇게 아린이 자신의 리더십은 어떤지 유도하는 질문을 던지자, 팀원들은 마지못해 솔직한 생각을 말했다.

"단기간에 과제를 수행할 조장으로서는 완전 훌륭해."

팀원들은 솔직히 반장이나 그 이상의 리더가 되려면 좀 더 인간적이어야 하거나 다른 요소가 더 필요하다는 평가를 했다. 서운한 마음에 아린은 "자기들이 좀 더 편하자고 나를 조장으로 뽑은 거냐?"라고 따졌다. 그러자 창엽이 "좋은 팀원을 뽑아서 좀 더 편하게 목표를 얻으려 했던 것은 너도 마찬가지 아니냐?"라며 되받아쳤다. 그런 마음이 드는 게 당연한 것 아니냐고 아린이 말하자, 팀원인 자신들도 그런 당연한 마음으로 뽑은 것이니 서운해할 것 없다고 했다. 그리고 리더는 그런 서운한 마음도 없어야 한다고도 했다.

'뭐야, 리더는 인간적이어야 한다면서 인간적으로 서운함을 느껴도 안 된다고?' 아린은 화가 치밀어 올랐으나, 말을 할수록 자신이 공격받는 것 같아 입을 다물고 말았다. 하지만 속에서 불덩이 같은 게 치밀어 얼굴이 벌게지는 것은 어쩔 수 없었다.

'이런 식이면 아무리 조장으로 일을 잘해도 애들이 나를 회장으로 지지해 줄까? 조별 과제를 할 때만 나를 이용하고 회장은 자기들이 말하는 인간적이면서도 인간적이지 않은 리더를 뽑는 것은 아닐까? 그러면 내가 왜 조별 과제를 열심히 해야 해?'

나중에 해야 하는 리더십 이론 분석 조별 과제는 둘째 치고, 당장 다음 주에 팀원들이 자신을 조장으로 뽑은 이유와 반장과 회장으로서의 리더십 요소를 자기 입으로 발표해야 한다는 것이 너무도 싫었다.

'나처럼 과제를 잘 수행할 사람이 리더가 아니라면 대체 누가 리더라는 거야?'

한편, 학원을 끝내고 집으로 돌아온 찬은 엄마에게 리더십 동아리 활동 첫날 이야기를 풀어 놓고 있었다. 새 학년이 된 찬에게 엄마는 부쩍 물어보고 확인하는 것이 많아졌다. 엄마가 특히 관심을 가지고 있는 동아리 활동, 그중에서도 해외 연수에 선발되느냐 마느냐와 관련된 이야기는 그냥 넘어갈 수가 없었다.

"나 동아리 회장 됐어."

"뭐?"

처음에 엄마는 믿지 않았다. 하지만 기쁨이 의심을 눌렀다.

"지성이면 감천이라더니, 정말 올해는 뭐가 되긴 될 건가 봐."

엄마는 찬이 집에서는 맥없이 있더니 학교에서는 완전 다른 모습인가 보다며, 자신도 예전에 집에서는 얌전했지만 학교에서는 활달했다는 등 찬의 회장 당선과 과거 자신의 모습을 연결 짓느라 바빴다. 급기야 진즉 엄마가 나섰으면 좋았을 텐데라면서 자신을 탓하기까지 했다. 한껏 들뜬 채 찬이 회장으로 뽑힌 과정을 궁금해하는 엄마에게 찬은 차마 사실대로 이야기하지 못했다. 일종의 임시 회장으로 1학기를 맡게 되었고, 어차피 진검 승부는 2학기 회장이라고만 말했다.

"그러니까 더 잘해야지. 외국 가려면 영어도 잘해야 하니까 영어 회화 학원 알아봐야겠다."

엄마는 상상이 현실로 이뤄지는 것 같아 기분이 좋은지 당장 여행 가방이라도 쌀 기세였다.

'아, 이게 아닌데.'

찬은 대충 이야기를 끝내고 자기 방으로 들어갔다. 학원이 더 늘어나기 전에.

엄마는 찬이 회장이라는 자리에 오른 것이 성공으로 이어지는 기회라고 철석같이 믿는 모양이었다. 하지만 정작 찬은 아무리 생각해도 성공과는 거리가 멀어 보였다. 회장은커녕 조장을 뽑은 이유를 분석했을 때 나온 리더로서의 요소에서도 자신과 연결되는 것이 하나도 없었던 것이다.

3학년 선배들은 후배인 자신의 말을 안 들을 게 뻔하고, 1학년 학생들은 리더답지 않은 자신을 우습게 여길 테고, 2학년 동급생들은 자신이 어떤 사람인지 잘 아니까 기대하는 게 없어 도와주지도 않을 테니 폭삭 망할 일만 남은 것 같았다. 무난하게 버텨내던 중학교 생활이, 아니 지금까지의 삶이 끝장날지도 모른다는 생각이 들자 손까지 떨렸다. 찬은 이불을 확 뒤집어썼다. 마치 히어로 영화에 나오는 보호막처럼. 이대로 잠들어 내일 일어나지 않았으면 좋겠다는 생각이 들었다. 학교 공사장에서 큰 사고가 생겨 장기간 방학을 했으면 좋겠다는 생각도 했다. 이런저런 생각은 끝없는 상상을 불러왔고, 그러느라 밤을 거의 새웠다. 하지만 상상은 이루어지지 않았고, 현실은 밝은 아침과 함께 와 있었다.

찬은 병든 닭 같은 모습으로 일주일을 보냈다. 아린은 중학교 2학년이 아니라 갱년기에 들어선 엄마 같은 모습으로 감정이 널뛰기하며 일주일을 보냈다. 학중은 자신이 조장이자 회장으로서 적임자라고 확신하며 기분 좋게 일주일을 보냈다.

드디어 두 번째 동아리 활동 시간이 되었다.

"회장이 있는 조부터 발표해 볼까?"

선생님의 지시에 따라 발표가 시작되었다. 학중이 발걸음도 당당하게 칠판 앞으로 나갔다.

"팀원들이 저를 조장으로 뽑은 이유는 리더로서 갖춰야 하는 카리스마 때문이었습니다. 그리고 운동할 때도 뒤로 빼지 않고 잘하고, 노래도 잘하고……."

"잠깐만, 리더십에 웬 운동? 웬 노래?"

오예빈 선생님이 말을 끊었다.

"잘하는 게 많아서 애들이 리더로서 호감을 많이 느낀다는 말씀을 드리려는 참이었어요. 리더는 다재다능할수록 좋으니까요."

"그건 그렇다치고, 여러분이 말하는 카리스마가 뭐예요?"

"당당하게 거침없이 말하고 행동하는 거요."

말은 그렇게 했지만, 처음에는 컸던 학중의 목소리가 점점 작아졌다. 자신이 말하던 카리스마는 어디론가 사라져 버렸다. 학중이 발표를 마치자, 선생님은 인터넷에서 검색한 것을 보여 주었다. 거기에는 다음과 같이 쓰여 있었다.

카리스마(charisma)는 원래 그리스어로 '은혜, 신의 은총, 선물'이라는 뜻을 가진 단어이다. 그런데 독일의 사회학자 막스 베버는 카리스마를 '한 개인이 보통 사람들로부터 구분되는 어떤 자질, 초자연적이거나 초인간적인, 아니면 어떤 예외적인 힘이나 능력을 부여받았다고 인정되는 개인 특성의 자질이다.'라고 정의했다.

학생들은 자신들이 여태까지 생각했던 카리스마의 정의와 달라서 자못 놀랐다.

"초자연적! 초인간적! 리더보다는 뭔가 사이비 교주 같은 느낌이 들지 않나요? 여러분은 김학중 조장이 교주 같아서 뽑은 건가요?"

학중이 조장으로 있는 팀의 조원들은 웃으면서 절대 아니라고 말했다.

"리더라고 하면 흔히들 카리스마가 있어야 한다고 생각하지요. 그런데 리더십의 역사에서 카리스마는 아주 오래된 개념이에요."

선생님은 후고구려의 궁예가 다른 사람의 마음을 꿰뚫어 보는 특별한 능력을 가진 사람으로 자신을 선전한 것을 사례로 들어 말했다.

"이런 황당한 선전에 속는 사람이 있겠느냐 싶겠지만, 카리스마 리더십의 특성 때문에 그를 따르는 사람이 생기기 마련이에요. 심지어 북한의 김일성은 가랑잎을 타고 압록강을 건너는 능력을 가졌다고 선전하면서까지 카리스마를 얻으려 했어요. 무엇이 되었든 '내가 해 봐서 안다.'라며 게임 스트리머처럼 남과 다른 경험치를 가졌다고 자랑한 이명박 전 대통령, 남다른 혈통에 대학 수석 졸업과 4개 국어 구사 능력까지 갖췄다고 선전하던 박근혜 전 대통령 등이 노린 것도 대중이 자발적으로 추종하게 하는 카리스마였어요."

역사 속 왕에서부터 독재자, 전 대통령들의 이름까지 나오자 학생들은 더 크게 놀랐다.

"카리스마가 있으면 확실히 리더의 자리에 오르는 데 큰 도움이 되지요. 하지만 그 리더십이 낳은 결과도 좋을까요? 카리스마 리더십은 특정 지도자에게 모든 권한이 집중돼요."

"그 덕분에 강력한 리더십을 발휘해서 좋은 것 아닌가요?"

한 학생이 말했다.

"그런데 그 특정 지도자가 사실은 비범하지 않은 인물임이 드러나는 순간 리더십은 바로 힘을 잃게 되는 게 문제이지요. 그래서 카리스마 리더십을 지키기 위해 영웅적 자질이 더 잘 드러나게끔 위기 상황을 일부러 만들거나, 특별한 능력과 인간적 매력을 부각시키는 홍보에 열을 올리며 언론을 철저히 통제하기도 해요. 역사적으로 이런 카리스마 리더십의 특성이 가장 잘 드러난 인물은 누구일까요?"

몇 명이 손을 들어서 아까 선생님이 말한 역사 속 인물들의 이름을 댔다. 선생님은 고개를 가로저으며 말했다.

"바로 히틀러예요. 히틀러는 평화로운 상황에서 집권한 인물이 아니에요. 1차 세계대전 이후 독일이 배상금을 지급하느라 허덕이다가 세계 대공황으로 상황이 더 힘들어져 경제적으로나 사회 정치적으로 모두 혼란스러울 때 등장했어요. 히틀러는 독일 국민들이 바라는 안정된 사회, 힘 있는 국가, 풍족한 경제에 대한 이상을 자극했지요. 자신이 그 이상을 실현할 수 있는 특별한 능력을 가진 인물이라고 선전했어요."

선생님은 인터넷에서 히틀러와 관련된 이미지를 검색해 보여 주면서 계속 설명했다.

"새로운 힘을 상징하는 나치 깃발을 만들고, 나치식 인사법을 만드는 등 새로운 힘에 복종하게 했어요. 선전·선동 행사를 수시로 개최하고 그런 영화도 많이 찍었어요. 그 결과 히틀러는 단시간에 독일 국민이 되고 싶은 최고의 역할 모델이 되었고, 카리스마 리더십을 갖게 되었어요."

"히틀러요? 저 카리스마 리더십 안 할래요."

학중이 손사래를 치며 서둘러 말했다. 학생들이 큰 소리로 웃었다.

"그렇다고 카리스마 리더십이 나쁘기만 한 것은 아니에요."

"네? 히틀러의 리더십인데도요?"

"사람들은 불안하거나 위험에 노출되어 스트레스를 받고 있을 때 그 현실에서 빨리 벗어나기를 원해요. 그때 카리스마 있는 리더는 확실한 문제 해결 능력으로 위기 상황을 벗어날 수 있다는 희망을 주지요. 사람들이 힘을 모아 새로운 비전을 향해 나아가게끔 해서 일사분란하게 문제를 해결할 수 있다는 장점이 있어요."

"그러면 아까는 왜 안 좋다고 하신 거예요?"

학중은 어이없다는 표정으로 따지듯이 물었다.

"물론 실제로 리더가 능력이 있고, 개인의 사리사욕과 권력욕을 채우는 것이 아니라 진정으로 사회 발전을 위해 일할 때는 장점으로 작용할 수 있어요. 그렇지 않다면 사이비 종교처럼 리더만을 추종하는 세력을 만들어 오히려 사회 전체를 더 혼란스럽게 할 수 있어요."

아린은 리더가 능력이 있어야 한다는 말에 안도의 한숨을 내쉬었다. 그러나 사리사욕과 권력욕이라는 말에는 양심이 찔려 고개가 절로 숙여졌다.

"여러분, 지금의 사회와 과거 카리스마가 필요했던 사회를 비교해 보세요. 만약 예전과 달리 사회가 개성을 중시하는 쪽으로 변했거나, 사회 구성원이 다변화되었거나, 구성원들이 교육을 많이 받아 능력이 있다면 어떨까요? 특정 개인에게 권력이 집중되는 것보다는 전체 사회 구성원이 창의적으로 활동할 수 있게 하는 리더십이 훨씬 더 좋은 효과가 있지 않을까요?"

선생님의 말을 들으며 학생들은 하나둘 고개를 끄덕이기 시작했다.

"대중의 교육 수준이 높아지고, 특정 개인의 능력으로 해결될 정도로 단순한 문제가 많지 않은 복잡 다양한 현대 사회에서는 카리스마 리더십이 효과적이지 않아요. 그래서 새로운 리더십이 필요하게 되었지요. 다음 시간부터 새로운 리더십을 차례대로 살펴볼 거예요."

선생님의 밀에 김학중 조의 한 학생이 질문했다.

"그래도 학생들의 선거뿐만 아니라 어른들이 하는 선거를 보면 자신이 강력한 카리스마 리더십을 갖고 있다고 자랑하는 사람이 많은걸요?"

"어, 좋아요. 그럼 여러분이 그 현상을 분석해 보는 건 어떨까요?"

"선생니임, 깜짝 미션은 이제 안 한다고 하셨잖아요."

"아차차, 미안해요. 그런데 이런 미션을 하는 게 더 재미있지 않을까요?"

아린도 그럴 것이라 생각했다. 하지만 주변의 눈치를 보아하니 자신과 같이 생각하는 사람이 거의 없는 것 같았다. 무엇보다 조원들이 자신에게 리더로서 하고 싶은 것을 쏟아 내려 하지 말고 인간적으로 다른 사람의 마음도 살피라고 했던 말 때문에 선뜻 나서지 못했다. 선생님이 혼잣말처럼 말했다.

"아직은 아닌가 보네."

선생님은 심호흡을 한 다음에 큰 소리로 말했다.

"카리스마 리더십을 바라는 사람이 많은 이유는 구성원들이 리더와 자기 자신을 동일시하기 때문이에요. 예를 들어 경쟁에 익숙한 사람들은 스스로 강력한 힘을 갖고 최고의 자리에 올라가고 싶어 하지요. 그러니 최고 서열에 오른 사람을 동경합니다. 행동을 따라 하면서 마치 그 최고인 사람이 된 듯한 기분을 느낍니다. 그 사람이 휴가지로 간 곳을 따라서 가고, 그 사람이 마신 차를 구해서 마시고, 그가 읽는 책을 찾아 읽기도 합니다. 그 사람이 내건 요구를 따를 뿐만 아니라, 그를 기쁘게 할 만한 행동도 스스로 찾아 기꺼이 실행하지요. 이것이 바로 '개인적 동일시'입니다."

아린은 대통령의 휴가지가 화제가 되었다는 뉴스를 본 기억이 났다. 그리고 실제로 그곳에 놀러 갔더니 대통령이 왔다 갔다는 표지도 있었다. 찬은 부모님과 식당에 가서 유명한 리더가 먹었다는 음식을 시켰던 것이 떠올랐다. 학중은 부모님이 대통령이 봤다는 책을 사서 읽었던 것이 생각났다. 무심코 보아 넘겼던 것들 속에서 비밀을 발견하는 것 같아 흥미진진했다.

"사람들은 개인적 동일시에서 더 나아가기도 해요. 리더를 좋아하는 사람들의 모임에 적극적으로 참여하는 거죠. 노사모, 박사모 등 특정 인물의 이름을 딴 모임에 참여해서 그 조직의 구성원이 된 것에 자부심을 느낀답니다. 이것을 '사회적 동일시'라고 합니다."

선생님은 이야기가 좀 어려울 수 있지만, 리더십 동아리에서 이론을 공부하는 것이 꼭 필요하니 더 다뤄 보겠다고 말했다. 무엇보다 자신이 어떤 수준에서 어떤 리더를 선택하고 어떤 리더가 될 것인지를 결정할 때 도움이 될 내용이라고 강조했다.

"사회적 동일시를 통해서 활동을 더 할수록 리더 및 집단의 가치, 목표 등을 자신의 것으로 받아들여요. 그것이 자신의 특성 중 하나라고 여깁니다. 이것을 '가치의 내면화'라고 해요. 이렇게 개인적 동일시, 사회적 동일시, 가치의 내면화 같은 단계에 있는 사람이 많다면 어떻게 될까요?"

선생님은 김학중 조에 있는 학생들을 보면서 말했다.

"특정 리더의 개인적 능력, 매력, 비전에 대해 관심이 집중돼요. 리더 개인의 수준을 뛰어넘어 좀 더 성숙한 조직과 구성원들과의 상호 작용 등 미래 지향적인 리더십에 맞는 생각을 하지 않게 됩니다. 그저 과거의 '강력한 카리스마'라는 개념만 갖고 리더를 선택하고, 역사적으로 더 나아진 새로운 리더십 개념을 가진 리더가 나와도 무시하게 되지요."

"결국 미래에 맞는 선택을 하려면 카리스마 리더십을 가진 리더는 뽑지 않는 게 좋겠네요?"

김학중 조의 팀원 중 하나가 물었다.

"아니, 아까 말했듯이 장점이 있으니 무조건 무시하면 안 됩니다. 선생님이 카리스마 리더십으로 히틀러를 이야기해서 여러분이 그렇게 생각하는 것 같은데 역사적으로 카리스마가 넘쳐서 좋았던 사례도 있어요."

"누구예요?"

학중이 반가운 눈빛으로 물었다.

"세종대왕이에요."

학생들은 히틀러와 세종대왕이 똑같이 카리스마 리더십을 갖고 있었다는 사실이 믿기지 않았다. 아니, 믿고 싶지 않았다.

"물론 세종대왕은 카리스마 리더십만 갖고 있었던 것은 아니에요. 앞으로 살펴볼 다른 리더십도 갖고 있었지요. 세종대왕은 신하의 제안에 귀를 기울였고, 농부 등 현장을 더 잘 아는 사람에게서 나온 참신한 생각을 받아들여 끝까지 정책으로 밀고 나가는 것으로도 카리스마 있는 리더가 되었답니다. 1만 800여 장에 이르는 『세종실록』을 보면 가장 많이 나오는 말이 있어요. 회의를 시작할 때 세종대왕이 늘 했던 말이었기 때문입니다. 그게 뭘까요?"

잠시 침묵이 흐른 다음, 아린이 손을 들었다.

"카리스마 있는 왕이었으니까 '내 말을 꼼꼼하게 잘 듣고 실행하여라.'라는 말이 아니었을까요?"

"아니에요. 그 말은 바로 이것이었어요."

선생님은 칠판에 이렇게 적었다. '경들은 어찌 생각하시오?'

선생님은 미소를 지으며 말했다.

"최고 권력을 가진 왕의 입에서 나온 말은 '답은 정해져 있고 너는 그대로 하면 돼.'라는 식의 말이 아니었어요. 어전 회의에서나 집현전 학사와의 대화뿐 아니라, 우연히 마주친 농부에게도 세종대왕은 상대방의 생각을 물었어요. 상대방이 자신이 모르던 것을 깨닫게 해 주기를 바라면서, 때로는 격렬한 토론을 벌이기도 했어요. 제도를 정립하기 위해 10년간이나 토론한 것도 모자라, 더 좋은 답을 얻으려고 과거 시험의 주제로도 삼았어요."

"선생님, 제가 읽었던 책에서는 세종대왕이 인간적이고 인자한 왕이었다고 하던데요?"

"맞아요. 그런데 생각해 보세요. 세종대왕의 업적은 실로 다양하고 거대하잖아요? 우리가 지금 쓰고 있는 한글을 만든 것만 해도 그렇고요. 다양한 배경을 가진 사람들을 길게는 수십 년간 한 가지 주제에 힘을 쏟게 이끌어 결국 각각의 분야에서 놀라운 성과를 얻었어요. 그런 사람이 카리스마 리더십이 없었다고 말할 수 있을까요? 확고한 비전을 공유하고 실행하는 카리스마 리더십이 확실히 있었어요."

선생님은 칠판 앞에 서 있는 학중을 보며 말했다.

"카리스마 리더는 그냥 당당하고 거침없는 사람이 아니에요. 감성적으로 접근하고 다른 사람에게 영감과 용기를 줄 수 있는 측면도 있어요. 세종은 재위 중 가뭄이 극심해지자 직접 현장에 나가 백성들에게 어려움을 물었어요. 그런 리더에게 감성적으로 흔들리지 않을 사람이 있었을까요? 게다가 정책에 반영하겠다고 의견을 물으니 새로운 변화를 향한 영감과 용기가 더 솟아날 수밖에 없었겠지요."

아린은 선생님의 이야기를 들으며 오예빈 선생님 자신이 리더십을 잘 실천하고 있다는 생각을 했다. 선생님은 개인적으로 학생을 대할 때면 반말을 쓰기도 했지만, 전체 학생에게 말할 때는 꼭 존댓말을 썼다. 그리고 학생들이 질문을 하거나 의견을 내놓을 때는 주의 깊게 들었다. 강하게 반말을 하는 사람보다 그렇게 존댓말을 쓰고 세심하게 들어 주는 사람이 더 카리스마 있다고 아린은 생각했다. 자신도 좋은 리더십을 배우면 선생님처럼 꼭 실제로 활용해야겠다고 다짐했다.

선생님은 잠시 뭔가를 생각하더니 다시 이야기를 이어 나갔다.

"그런 리더십의 결과로 이룬 업적을 오로지 자기 덕분이라고 자랑하지 않고, 함께해 준 구성원들의 공으로 돌린다면 더 멋진 리더가 될 수 있어요. 누군가 정책을 잘 만들었다고 해도 그 정책을 믿고 따르며 실천하는 구성원이 없다면 사회 발전은 불가능하다는 것을 잊지 말아야 합니다."

아린은 그제야 자신이 리더로서 부족했던 면이 무엇인지 깨달았다.

카리스마 리더십

칼있으마!

카리스마 넘치던 리더가 실패하는 경우는 역사 속에서 쉽게 찾아볼 수 있다. 『초한지』를 보면 엄청난 카리스마를 내뿜던 항우가 부드러운 리더십을 가진 유방에게 져서 결국 죽음을 맞는 과정이 자세하게 나온다. 앞에서 살펴본 것처럼 카리스마 리더십의 한계는 분명하다. 하지만 지자체 선거와 국회의원·대통령 선거뿐만 아니라, 학교에서 벌어지는 크고 작은 선거만 봐도 후보들은 강력한 카리스마 리더십을 강조한다.

그 이유는 바로 카리스마 리더십이 적어도 겉으로는 성공한 것처럼 보이기 때문이다. 꼼꼼하게 보지 않으면 앞에 나서서 화끈하게 이야기하고 거침없이 행동하는 리더가 결단력 있게 일을 잘하는 듯하다. 하지만 찬찬히 살펴보면 자신도 실천하지 못할 이상적 이야기만 하는 경우가 많다.

학급 발전을 위한 공약을 시원하게 내놓고서는 다른 급우들에게 어떤 일을 하라고 지시하지만 정작 자신이 실행하는 것은 별로 없는 반장도 있다. 틈만 나면 청렴결백을 강조해 놓고 자신은 부정 비리를 저지르는 정치 지도자도 있다. 그렇게 확신에 차서 말을 하면 실행도 당연히 할 것이라 믿는 사람들의 마음을 노리고 거짓된 카리스마 리더십을 발휘하는 것이다.

실제로 카리스마 리더십을 갖추면 잠시라도 성공할 수 있다. 그것은 다음 여섯 가지 요인 때문이다.

1) 리더의 신념이 옳다는 추종자의 신뢰성
2) 리더의 신념과 추종자의 신념의 유사성
3) 리더에 대한 추종자의 무조건적인 수용
4) 리더에 대한 추종자의 애착
5) 리더에 대한 추종자의 자발적인 복종
6) 조직의 사명에 대한 추종자의 감정적 몰입

히틀러의 사례를 보면 이 여섯 가지 요인이 모두 작용하고 있음을 확인할 수 있다. 한국에서 이전 시대 독재자에 대해 대중의 애착과 복종이 계속되었던 것도 이 여섯 가지 요인으로 설명할 수 있다. 2010년대 초반과 중반 한국의 일부 정치 세력이 일베 사이트의 반사회적 언행을 묵인하고 국정원을 동원해서 댓글을 달게 하고, 어버이연합에 금전적인 지원을 한 사례도 카리스마 리더십의 여섯 가지 요인을 계속 지켜 내기 위한 전략이었다.

오예빈 선생님의 말처럼 카리스마 리더십이 나쁜 것만은 아니다. 단점을 줄이고 장점을 더 키우면 앞으로도 유익한 리더십이 될 수 있다. 그러자면 사람들이 현재 바라는 문제를 해결해 줄 확고한 비전을 갖고 있어야 하며 그것을 잘 표현해야 한다. 사리사욕을 위해 그 럴듯한 비전을 퍼뜨리는 것이 아니라, 사람들이 바라는 바를 잘 살 필 줄 알아야 한다.

그런데 만약 자기가 하고 싶은 대로 상황에 따라 비전을 마구 바꿔 서 이야기한다면 어떨까? 결단력과 순발력이 남다른 카리스마가 정 말 있는 것일까? 아니다. 사람들의 마음을 읽고 비전을 만들었다면 자신의 마음이 아니라 사람들의 마음이 변화될 때까지 일관되게 비 전을 밀고 나갈 줄 알아야 한다. 그래야 맹신이 아니라 리더에 대한 건강한 믿음이 생길 수 있다.

리더가 아니더라도 누구나 비전을 말할 수는 있다. 하지만 리더라 면 비전에 맞는 일관된 행동을 보여 줘야 한다. 그래서 비전이 정말 현실로 이뤄질 수 있다는, 적어도 리더가 그에 대한 의지가 있다는 것을 다른 사람들이 느낄 수 있도록 해야 한다.

인간은 이성적인 동물이다. 하지만 판단을 내릴 때는 감정에 많이 좌우되기도 한다. 카리스마 리더십에 마음을 움직이는 것도 감정에 따른 부분이 많다. 그러니 같은 말이나 행동을 하더라도 사람들의 열렬한 반응을 이끌어 낼 감성적인 접근을 하려고 노력해야 한다. 반장이나 조장으로서 의례적으로 말할 때와 진심이 느껴지게 말할 때 얼마나 차이가 클지 상상해 보자.

과거에는 특정 혈통, 천부적 권리, 초자연적 능력을 강조하며 카리 스마를 만들었다. 하지만 현대에는 그런 것에 대한 믿음이 많이 사 라지고 있다. 무엇보다도 자신에게 그런 요소가 없다면 다른 도전을 해서 카리스마 리더십을 가지려 해야 한다. 사람들의 주목을 받을 수 있는 개인적인 능력이나 매력을 가꾸어서 적극 홍보해 보자. 앞에서 나온 것처럼 리더십 동아리인데도 운동을 잘하는 학생이 매력이 있다고 생각해서 조장으로 뽑은 경우가 있었다.

그러나 카리스마 리더십을 갖춰 리더가 되었다고 해서 저절로 좋은 성과를 얻을 수 있는 것은 아니다. 무조건적인 추종자는 리더와 추종자 자신 모두에게 위험하다. "지독한 안티는 진정한 팬이었던 사람으로부터 나온다."라는 말이 있지 않은가. 리더는 지지자들이 무조건 자신을 추종하는 것이 아니라 비판도 제기하면서 건전하게 지지할 수 있게 유도해야 한다.

그러자면 리더 자신이 비판을 포함해서 다른 사람의 의견에 열린 마음을 갖고 귀를 기울여야 한다. 비판을 받은 다음에 먼저 변명거리를 찾으면 카리스마가 없는 리더가 된다. 비판이 옳으면 받아들여서 자신이 더 발전할 수 있게 적극 활용하자. 그러면 부정적이었던 사람의 마음도 돌려세울 가능성이 크다. 만약 비판이 오해 때문에 생긴 것이라면 정확히 오해의 지점을 밝히자. 그리고 그것이 오해였다는 것을 사람들이 느낄 수 있도록 일관된 행동으로 보여 주자. 억울해하고 서운해하지만 말고.

또한 주목을 받기 위해 없는 능력이나 매력을 꾸며 내는 일은 절대로 하지 않아야 한다. 정보를 교류하는 기회나 매체가 그 어떤 때보다 많은 시대이므로 결국에는 진실이 드러나게 되어 있다. 극소수의 사람들이 남몰래 처리했던 국정 농단도, 종교 지도자의 학력 위조도, 교장이 교사의 업적을 가로채어 자랑한 것도, 반장이나 조장의 거짓말도 마찬가지이다. 결국에는 진실이 드러나는 법이다.

3 비전, 넌 뭐니?

궁예와 견훤은 신라를 타도하려 했고, 강력한 왕권을 꿈꾸었다.

하지만 왕건은 신라를 포용하려 했고, 호족의 권리도 보장했다

왕건은 그의 라이벌을 모두 끌어안으면서 통합의 비전을 꿈꾸었다.

왕건의 통일은 땅이 아닌 그 땅에 사는 사람의 마음을 하나로 묶는 것이었다.

내 '관심법'은 진정 사람들이 원하는 것을 읽지 못했군…

"이렇게 리더십 요소를 이론적으로 알면 그 요소가 리더에게 있는지 잘 살펴보고 더 좋은 선택을 할 수 있겠지요?"

"네."

선생님의 질문에 학생들은 합창단처럼 입을 모아 대답했다. 선생님은 리더를 선택할 때뿐만 아니라, 스스로 리더로서 그 요소를 성장시키려 노력할 때도 이론적 배경이 필요하다고 강조했다. 그때 한 학생이 손을 들고 질문했다.

"선생님, 아까 카리스마 리더는 비전이 확고해야 한다고 했는데 비전이 확실히 뭐예요?"

선생님이 미처 대답하기 전에 다른 학생이 냉큼 대답했다.

"자비스야."

"자비스?"

선생님이 의아해하자 그 학생은 어깨를 으쓱거리면서 말했다.

"마블의 어벤저스 시리즈 중에서 〈시빌 워〉를 보면 아이언맨이 만든 인공지능 자비스가 비전이 되잖아요."

그 학생의 당당한 대답에 모두 큰 소리로 웃었다. 선생님도 따라 웃었다. 그러고 나서 고개를 끄덕이며 말했다.

"좋아. 그런 덕질이 바로 공부야. 덕질하면 뭐든지 그 덕질과 연관시켜 생각하잖아. 여러분도 앞으로 리더십을 덕질하면 뭐든지 리더십과 연관 지어 생각하게 될 수도 있어요."

학생들은 선생님의 말을 잘 이해할 수 없었다. 정확히 말해 그런 상황이 별로 재미있을 것 같지 않아 이해하고 싶지 않았다. 선생님은 학생들의 뜨악한 반응을 보고 칠판에 '비전(vision)'이라고 쓰고는, 이제부터 자신의 덕질 내공을 자랑해 볼 텐데 곧 재미를 느끼게 될 것이라고 장담하며 이야기를 시작했다. 그리고 이야기의 빈틈을 찾는 사람에게는 매점에서 한턱 쏘겠다고 약속했다. 학생들의 눈이 빛났다.

"비전은 원래 눈으로 보는 감각, 즉 '시각'을 뜻하는 말이에요. 그런데 흔히 쓰는 '이 일은 비전이 있다.'라는 말에서도 확인할 수 있듯이, 리더십에서 비전은 '긍정적인 미래의 모습'을 뜻하는 경우가 더 많지요."

"어, 아까 히틀러 설명하실 때 사람들도 앞으로 어떻게 되었으면 좋겠다는 이상적인 모습을 갖고 있다고 말씀하셨잖아요. 리더만이 아니라 일반인도요."

학중이 따졌다.

"맞아요. 그런데도 리더에게 특히 비전을 요구하는 이유가 있어요. 그게 뭘까요?"

선생님은 잠시 뜸을 들이더니 말을 이어 나갔다.

"리더는 단지 조직의 '긍정적인 미래의 모습'을 바라기만 하는 사람이 아니에요. 그 모습을 미리 눈으로 보는 사람이지요. 방금 비전이 시각을 뜻하는 말이라고 했잖아요? 그리고 리더는 자신이 본 미래의 모습이 현실이 될 수 있도록 실행하는 사람이기도 하고요. 그래서 비전은 단지 어떤 이상적 바람만이 아니라, 리더가 구체적으로 실행할 혁신과 같은 뜻으로 쓰이기도 해요."

선생님은 칠판에 '혁신'이라고 썼다.

"혁신은 참 힘들어요. 사람들은 변화보다는 안정을 더 편안하게 느끼거든요. 미리 정해져 있는 것 외에 깜짝 미션 발표를 하면 불안해지는 것처럼 말이에요."

학생들이 겸연쩍게 웃었다.

"리더는 공동의 목표로 비전을 강조합니다. 조직의 구성원도 미래의 목표인 비전을 알고 있기는 해요. 하지만 일을 하다 보면 비전보다는 지금 눈앞에서 벌어지는 상황에 더 몰입하게 돼요. 장기적으로 이득이 되는 일보다는 단기적으로 이득이 되는 것에 더 신경 쓰다 보니, 리더가 비전을 강조하면 뜬구름 잡는 이야기라고 반발하기도 합니다. 리더십 동아리도 그래요. 리더십이 있다고 자신하는 학생이 회장을 맡아 다 이끌어 가는 것보다 누구나 리더가 돼서 리더십을 발휘하도록 하는 게 더 좋겠다고 하면 너무 이상적이라고 생각하지요."

이번에 학생들은 웃지 않았다.

"사람들이 단기적인 성과에 매달릴 때 더 먼 미래의 모습까지 내다보고, 즉 비전을 갖고 움직일 수 있는 게 리더예요. 선생님이 학생들에게 먹을 것은 잘 사 주지만 졸업 후에 어른이 되었을 때 도움이 될 교육을 하지 않는다면 어떨까요? 분명 세상은 리더십이 더 필요하게 변하고 있는데도 예전의 지식 전달을 하는 교과목 문제 풀이에만 매달리게 한다면 리더로서 비전이 없다고 욕을 먹게 되겠지요?"

학생들은 오예빈 선생님이 올해 리더십 동아리 지도 교사로 자원한 이유, 즉 선생님의 비전이 느껴졌다. 그때 학중이 질문을 던졌다.

"그런데 그런 비전은 어떻게 키워요?"

"바람직한 미래의 모습을 먼저 보는 능력은 통찰력에서 나옵니다. 통찰력을 키우면 돼요."

선생님은 지체 없이 대답했다.

"그러면 통찰력은 어떻게 키워요?"

선생님은 학중의 연속 공격에 여유 있게 대답했다.

"말 나온 김에 나중에 하려고 했던 통찰력 키우기 수행 과제를 지금 직접 해 볼까요? 아, 오해할까 봐 미리 말하는데 이건 깜짝 미션이 아니라 5주 차 과제에 있는 거예요. 순서만 바꾸는 겁니다."

선생님은 파일을 찾아 화면으로 올렸다.

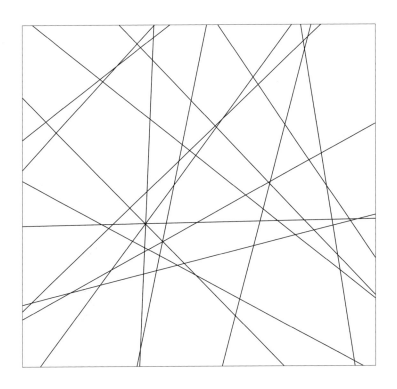

"뭐야, 내 스마트폰 액정 긁힌 거랑 비슷하잖아?"

한 학생의 말에 여기저기서 웃음이 터져 나왔다. 선생님은 조용히 하고 30초간 그림을 쳐다본 다음 무엇이 보이는지 종이에 적어 보라고 했다. 그리고 저마다 적은 것을 머리 위로 들어 보라고 했다. 서로 상의해서 적지 않았지만 비슷한 답이 많았다. 실타래, 실뜨기, 유리의 금 등.

"통찰력은 그저 '잘 관찰하는 능력'이 아닙니다. 복잡한 상황 속에서도 의미 있는 것을 뽑아서 생각하는 능력이지요. 여러분들이 복잡한 선을 보았다면 통찰이 아니라 관찰하는 수준에서 멈춘 거예요. 다시 한 번 말하지만 통찰력은 남이 그냥 지나치는 것에서도 특별히 의미 있는 것을 발견하는 능력이에요."

　선생님은 꿈에서 꼬리에 꼬리를 문 뱀을 보고 벤젠의 분자구조를 생각한 과학자, 장모가 소리 지르며 욕하는 것을 듣고 오페라를 작곡한 음악가 등의 사례를 설명했다. 그러고 나서 다음 화면을 넘겼다. 그러자 학생들의 입에서 탄성이 터져 나왔다.

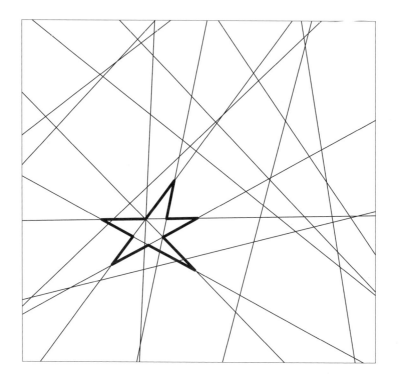

　"아, 저게 왜 안 보였지?"

　선생님은 학생들의 표정을 보면서 미소를 지었다.

"리더는 이렇게 남들이 보지 못하는 의미 있는 것을 뽑아내서 볼 줄 아는 사람, 즉 남다른 비전을 가진 사람이에요. 하지만 지금 못 보았다고 너무 힘 빠질 필요는 없습니다. 의미 있는 것에 집중하는 훈련을 하면 더 나아지니까요. 우리 동아리에서 하는 수행 과제가 큰 도움이 될 거예요."

선생님은 다시 처음 화면으로 바꿨다.

"이제는 복잡한 선보다도 별 모양이 더 뚜렷이 보이지 않나요?"

"네."

선생님의 말에 학생들은 큰 소리로 대답했다. 그러자 선생님이 다시 물었다.

"다른 게 보이는 친구는 없나요?"

침묵이 흘렀다.

"아, 그러면 안 돼요."

학생들은 어리둥절했다.

"지금 별을 본 것은 통찰이 아니라 별을 '기억'해서 본 것일 뿐이에요. 리더의 전기나 자서전을 읽고 그들의 통찰을 그대로 따라 하려고 하는 것은 통찰이 아니라 모방일 뿐이에요. 리더가 성공한 것처럼 각자 자신의 문제에서 의미 있는 것을 발견하려고 노력할 때에야 통찰을 얻을 수 있답니다. 즉, 선이 아니라 별이 자신에게 의미가 있다는 것을 깨달은 사람도 다른 상황에서 이등변 삼각형이 필요하다면 그것을 먼저 봐야 하겠지요."

선생님은 사회 현상을 남다른 의미로 뽑아내서 설명하는 사회

교과서, 인생의 의미와 마음의 상태 등을 남다르게 잡아낸 작가의 작품을 실은 국어 교과서를 통해서도 통찰의 모범을 배울 수 있다고 말했다. 그것을 그대로 외우려 하지 말고 그 속에서 자기에게 의미가 있는 것을 더 발견하려 노력해야 한다고 했다.

아린은 어떤 학원에서도 듣지 못했던 오예빈 선생님의 이야기에 크게 놀랐다. 그리고 그렇게 공부를 하면 정말 멋질 것 같아 가슴이 뛰었다. 찬도 마찬가지였다. 이미 굳어져서 그냥 외워야 하는 게 공부라고 생각했는데 스스로 발견해서 바꿀 수도 있다는 말이 신선하게 다가왔다. 학생들의 눈빛이 바뀌자 신이 난 선생님은 이야기를 이어 갔다.

"수학 교과서에서도 통찰을 찾을 수 있어요. 흔히 공식은 원래 있었던 것이라 생각하기 쉬워요. 하지만 오래된 공식도 엄연히 통찰력을 발휘해서 의미 있는 패턴을 찾아 만든 것이에요. 별을 기억해서 보는 것처럼 공식을 무조건 외우면 지금 당장은 편할지 몰라도 세상의 다양한 문제에 대해서 통찰하는 능력은 키울 수 없어요."

"그런데 선생님 말씀대로라면 학교 공부도 통찰력 있게 해야 리더가 될 수 있을 거 같아요. 하지만 스티브 잡스나 빌 게이츠처럼 학교를 제대로 다니지 않고도 리더가 된 사람이 있잖아요?"

한 학생이 번쩍 손을 들더니 질문했다.

"맞아요. 그 두 사람은 대학교를 중도에 그만뒀어요. 중학교를 그만둔 것은 아니에요. 학교에서 기본적인 지식을 배우면서 통찰력을 키운 거죠. 그렇게 대학까지 갔지만 대학을 계속 다니는 것보다 더 의미 있는 일을 발견한 거예요. 즉, 자기 나름의 비전을 갖고 실행한 사람이니 선생님이 말한 것과 다르지 않잖아요. 제가 학교 공부도 통찰력 있게 하면 도움이 될 거라고 이야기했지, 학교 공부만 해야 통찰력이 더 좋아진다고 하지는 않았다는 것을 잊지 마세요."

"넌 꼭 누가 중퇴했다는 말에만 꽂히더라. 여러 선들 속에서 네게 가장 먼저 보이는 별이 중퇴? 학교 그만 두고 싶나 봐?"

옆에 있던 친구가 핀잔하듯 말하자, 그 학생은 얼굴이 빨개졌다. 선생님은 학생들을 보며 말했다.

"통찰은 개인적으로 가지는 것이에요. 하지만 리더로서 통찰을 통해 비전을 갖게 되었으면 혼자만 알고 있으면 안 돼요. 조직 전체에 널리 퍼뜨려서 구성원들이 비전에 맞게 일을 할 수 있도록 해야 해요. 저도 리더십에 대한 공부를 하고 느낀 바가 있어서 우리 학교 학생들과 함께 나누려고 이렇게 동아리 시간을 활용하는 것이니까요."

학생들은 선생님의 진지한 표정에서 카리스마를 느꼈다. 평소 카리스마라고 하면 거칠거나 센 사람이 떠오르고 그 사람이 무서워서 억지로 따를 수밖에 없겠다는 마음이 들 때와는 전혀 다른 느낌이었다.

"자, 다시 조장 발표를 이어 가도록 할게요."

선생님의 지시에 따라 3학년 조장의 발표 순서가 되었다.

"저희 조는 지난번에도 회장을 하고 싶다고 희망한 학생들이 많아서 조장을 뽑을 때도 경쟁이 치열했습니다."

"아, 기억나요. 경쟁이 심해서 자기가 조장이 되면 무엇을 해 주겠다며 마치 도박에서 판돈 올리는 것처럼 장난치듯이 했던 조잖아요."

"헤헤헤."

조장은 멋쩍게 웃었다.

"장난친 것만은 아니에요. 사실 조장을 뽑은 과정을 분석해 보니까 사람들은 자신이 리더에게 뭔가를 얻었을 때 좋아하더라고요. 반장을 뽑을 때에 학급 운영과 관련해서 내건 공약뿐만 아니라 회장이 되면 햄버거를 사 주겠다는 말에도 마음이 움직이잖아요. 가정에서는 리더인 부모가 자식의 성적이 오르면 선물을 주겠다고 하고, 학교에서는 자신을 뽑아 주면 더 예쁜 단체복을 만들거나 체육 대회 때 음료수를 돌리겠다고 하는 식이죠."

먼저 발표한 2학년 조보다 훨씬 분석적이어서 다들 3학년 조장의 이야기에 귀를 기울였다. 선생님은 고개를 끄덕이며 말했다.

"기업에서는 회장이 직원에게 정기적인 월급과 보너스라는 금전적 보상뿐만 아니라, 우수 사원 선정과 같은 사회적인 명예도 줘요. 국가에서는 운동선수가 메달을 따거나 일반인이 좋은 일을 했을 때 경제적 이익을 얻게 하고, 대통령·총리·장관 명의로 각종 상을 줘요. 반대로 조직의 목표에 반대되는 행동을 했을 때는 처벌을 내리기도 하지요. 이렇게 보면 리더십은 뭔가를 주고받는 거래인 거네요."

"맞아요."

"그러면 구체적으로 어떤 거래를 해서 당선됐나요?"

"그건 영업 비밀이라……."

학생들이 모두 웃었다. 선생님도 따라 웃었다.

"이런 리더십 요소를 '거래적 리더십'이라고 해요. 거래 계약 안에는 조직 구성원이 해야 하는 역할이 명확하게 들어가요. 그 냥 '잘해 줄게.'가 아니라 '조장으로 뽑아 주면 음료수를 사 줄게.', '토론 자료 준비할 때 나는 무엇을 해 줄게.', '발표 자료 준비에 늦으면 벌금을 얼마 걸게.' 하는 식으로요. 이렇게 리더는 조직 구성원들을 움직이기 위해 언제나 보상이나 처벌을 준비하고 있어야 해요."

대부분의 학생들은 리더나 구성원 모두에게 이익이 되는 참 깔끔한 리더십이라고 생각했다. 선생님은 걱정되는 면이 있다면서 충고를 해 줬다.

"상을 마땅히 받아야 할 사람이 아니라 잘못된 평가로 다른 사람이 상을 받는다면, 그 학교를 열심히 다니고 싶을까요? 정확한 보상과 처벌을 하지 않고 엉뚱한 사람에게 보상하거나 억울한 사람을 처벌하면 문제가 생기겠지요?"

"네."

"그러니 정확한 평가를 하려면 관리 감독이 필요하겠지요?"

"네."

"그 관리 감독은 누가 하지요?"

"제가 하지요."

"그러면 거래적 리더십이 너무 강한 리더는 통제와 감시로 분위기가 딱딱해지겠네요?"

"어, 제가요?"

"지금은 아니지만 그럴 위험도 있지 않을까요?"

"제가 잘해 주겠다고 약속하고 조장이 된 건데 설마요."

그 조의 팀원들은 장난스럽게 두 손가락으로 자기 눈을 가리키며 지켜보겠다는 표시를 했다.

"부모님도 아이가 태어나면 처음에는 잘해 주겠다고 다짐해요. 하지만 집에서는 공부를 하나 안 하나 감시하고, 아이가 집안일을 도와도 보상으로 준 것에 비해 적게 한 건 아닌지 잔소리를 하게 되지요."

선생님의 말을 들으면서 찬뿐만 아니라 많은 학생들이 부모님의 모습을 떠올렸다.

"학교에서도 교칙을 제대로 따르는지 조회나 종례 시간, 수업 시간 등을 통해 평가하고 그것을 생활 기록부에 꼼꼼하게 적기도 해요. 엄격하게 적용하면 매순간 평가받는 것 같아 숨이 막히지 않나요?"

"네."

학생들은 한마음이 되어 큰 소리로 대답했다.

"기업이나 기관에서도 인사과에서 직원들의 작업 과정과 결과물을 계속 평가해요. 그런데 그런 통제와 감시를 해야 하는 사람은 공짜로 일을 할까요?"

"아니요."

"그런 사람들을 유지하는 데 지불해야 하는 비용이 추가되어요. 그 때문에 기업과 기관에서는 막상 조직의 목표를 이루려고 애쓰는 구성원들에게 가야 할 몫이 줄어드는 부정적 효과가 생기지요. 가정과 학교에서는 각각 부모와 교사가 평가를 하는 일로 스트레스를 받아 정작 학생과 잘 지내는 일에 집중할 에너지가 남아 있지 않게 돼요. 조별 과제의 조보다 더 큰 조직이 되면 이렇게 거래적 리더십에 문제가 생길 수 있으니 주의해야 합니다. 아까 말했던 것처럼 단기적으로 조별 과제만 잘하자는 비전으로 만든 동아리가 아니니까요."

3학년 조장의 얼굴에서 장난기가 사라졌다. 그 대신 꼭 좋은 결과로 증명해 보이겠다는 의지가 엿보였다.

"주고받는 보상과 그 보상을 누구에게 어떻게 주느냐가 문제이니 그냥 보상과 평가 자체를 없애면 될까요?"

선생님의 질문에 조장이 잠시 뜸을 들이더니 대답했다.

"아닌 것 같아요."

"사람들의 마음은 잃는 것보다 얻는 것을 더 좋아하니 보상 자체를 없애는 것은 잘못된 선택입니다. 만약 보상의 내용을 바꾼다면 어떨까요?"

"어떻게요?"

조장의 눈이 빛났다.

"외형적인 보상과 처벌에 집중해서 분위기를 딱딱하게 하고 불만과 불안을 더 키우는 것이 문제이니까 사람들의 마음을 더 부드럽게 살피면 어떨까요? 즉 심리적인 보상에 더 신경을 쓰는 것입니다. 음료수 한잔보다 따뜻한 말 한마디 더 건네는 식으로. 사람들의 마음을 살피려면 겉으로 요구하는 것만이 아니라 숨겨진 의도까지 파악해야 하니 아까 말했던 통찰력을 발휘해야만 합니다."

"어, 저부터 변해야 하겠는데요?"

"맞아요. '저를 뽑아 주면 무엇무엇을 해 주겠다.'라는 식의 보상을 늘어놓는 정도에서 멈추지 않아야 해요. 자기 자신부터 변해서 함께 바뀔 수 있는 조직 전체의 분위기와 성과까지 생각해야 해요. 이게 바로 다음에 살펴볼 토론 주제와 연관된 리더십이에요."

비전이 있는 리더로 서는 법

비전 있는 리더가 되려면 통찰력을 길러야 한다. 통찰력은 복잡한 상황 속에서 의미 있는 것을 발견하려는 노력에서 나온다. 그런데 한번 얻은 통찰을 그대로 밀고 나가는 것은 창의적이지 않다. 따라서 발견한 의미를 더 확장할 가능성이 없는지 살필 줄도 알아야 한다. 그리고 그것을 하나의 문제 해결 공식, 즉 시스템으로 만들려 노력해야 개인의 통찰을 조직에 퍼뜨리는 리더가 될 수 있다.

통찰은 개인적인 것이다. 하지만 "구슬이 서 말이라도 꿰어야 보배"라는 속담처럼, 그렇게 얻은 비전을 그냥 놔두는 것이 아니라 다른 사람과 나누기 위해 잘 표현할 줄도 알아야 한다.

비전은 미래의 이상적인 모습이다. 즉, 현실에서 쉽게 확인할 수가 없다. 그래서 구성원들이 현실에서도 잊지 않도록 비전을 자주 언급하는 습관을 들일 필요가 있다. 그런데 그저 자주 언급만 하면 잔소리처럼 들릴 수 있다. 자신이 말하는 비전이 왜 중요한지까지 설명해야 한다. 그리고 그 비전이 구성원들이 추구하는 가치와도 맞아떨어질 때 더욱 효과적이다.

비전은 리더가 내놓은 것이라 해도 결국 조직 전체가 공유해야 한다. 그러니 '나의 비전'이라는 말보다 '우리의 비전'이라는 말을 더 많이 사용하는 사람이 진정한 리더에 가깝다. 조직 구성원을 창조적 혁신으로 함께 목표를 이뤄야 하는 파트너로 보고 있다는 사실도 전달할 겸 비전을 만들 때부터 구성원을 함께 참여시키면 파트너십이 높아져 더 효과가 좋다.

예컨대 학교생활을 놓고 생각해 보자. "그냥 내가 알아서 할 테니 나만 믿고 따라와."라고 하는 반장이 있다. 그런가 하면 비전을 수시로 설명하고 "우리의 비전을 이루기 위해 이번 일이 이래서 중요하다."라고 말하는 반장이 있다. 둘 중에 어느 쪽이 더 좋은 리더일까? 그리고 미래 지향적인 리더일까? 무엇보다도 어느 쪽이 진정한 비전이 있는 리더일까?

비전은 추상적이다. 조직 구성원이 구체적으로 실감하기가 힘들다. 그래서 비전을 말할 때는 은유를 통해서 비전에 대해 더 생생한 느낌을 갖도록 하는 게 좋다. 비전 자체에 대한 정의도 단순히 "개인과 조직의 미래 지향적인 목표"라고 하는 것보다 "축구 게임에서 공이 있었던 곳이 아니라 공이 나아가는 쪽으로 몸을 움직여야 공격이나 수비를 잘하는 것처럼, 비전은 좋을 때나 나쁠 때 모두를 위해 과거와 현재의 공의 위치가 아니라 앞으로 나아가는 방향을 정확히 알려 주는 치트키"라고 표현할 때가 더 생생하게 느껴지지 않는가.

구체적 비전을 이야기할 때도 마찬가지이다. 학교의 경우 "학생들의 삶의 변화를 만드는 것이 우리의 비전"이라고 하는 것보다 "학생들의 성장의 계단이 되는 것이 우리의 비전"이라고 할 때 더 생생하게 느껴진다.

덧붙이자면, 느낌은 정서이다. 그러니 비전을 전달할 때에도 정서적인 표현을 쓰는 게 좋다. 딱딱하게 할 말만 하는 것이 아니다. 비전을 전달하기 전에는 가슴을 열고 진심으로 받아들일 수 있게 부드러운 분위기를 만들어야 한다. 상대방이 정서적으로 공감할 만한 사례를 들어 설명하려 노력해야 한다. 오예빈 선생님이 거래적 리더십의 단점을 지적하면서 부모님이 자식에게 품은 생각과 리더의 비전을 비교했던 것처럼 말이다.

또한 상대방이 오해할 만한 부분에 대해서는 조심스럽게 언어를 선택하고, 혹시 오해를 했다면 다시 이야기를 들어 줘야 한다. 구성원들이 아직 심리적으로 새로운 도전을 받아들일 준비가 안 되었다면 살짝 물러날 줄도 알아야 한다. 오예빈 선생님이 깜짝 미션을 유보한 것처럼. 비전을 전달한 다음에도 "이게 우리의 비전이야, 알았어?"라면서 강압적인 표현을 쓰면 반감이 더 커지니 주의한다.

그리고 비전을 설명할 때는 "이것 아니면 우리가 다 망합니다." 처럼 부정적으로 표현하지 않도록 주의해야 한다. 사람은 부정적인 것에는 마음이 잘 움직이지 않는다. "이것을 통해 우리는 더 나은 미래를 누릴 수 있어요."처럼 긍정적으로 표현하자. 비전은 현재 지향이 아니라, 미래 지향이다. 미래는 아직 오지 않은 것이라 불확실성의 덩어리이다. 불확실한 것은 사람들이 두려워한다. 그러니 미래 지향적으로 비전을 말하되, 긍정적인 면을 더 부각시키자. 비전은 조직의 긍정적인 미래상이지, 부정적인 금기 사항은 아니니까.

리더는 비전을 가지고 있다. 조직이 어떻게 되었으면 좋겠다는 생각이 명확하다. 그런데 비전보다 더 핵심적인 사항이 있다. 그 조직을 만들기 위해 어떤 것을 해야 하고, 그 조직에서 자신이 어떤 행동을 해야 한다는 생각. 그래서 조직의 비전을 보려면 모범이 되는 리더의 행동을 보면 되는 것이다.

여러분이 리더로서 긍정적인 미래를 먼저 보았다고 가정하자. 그러면 그 미래를 실현할 행동을 자신이 먼저 하고 싶어지지 않겠는가? 행복한 미래가 보이는데 굳이 다른 길을 가고 싶은 마음이 들겠는가? 그리고 자신과 함께하는 구성원들이 어두운 길로 빠지는 것을 보고 싶겠는가? 그래서 리더는 자신이 모범이 되어 앞으로 나서고 철저하게 행동해야 한다.

청소년으로서 이렇게 비전을 추구하는 리더로 성장하려면 어떻게 해야 할까? 우선 인물 이야기나 자서전 등을 읽어 역할 모델을 정확히 세우고 따라 해 보자. 세상에는 저마다 다른 비전을 가진 리더가 많다. 자신이 따르고 싶은 리더의 삶을 다룬 책을 읽고 역할 모델로 삼는다면 여러분의 자아실현에 동기가 되어 줄 것이다.

단, 잊지 말아야 할 것이 있다. 조급함을 버릴수록 효과가 높아진다는 사실이다. 위인전이나 전기를 읽어 보면 거기에 나오는 인물도 자신의 리더십을 발휘하기까지 평생이 걸린다. 즉, 그 리더도 오랜 시간 자신을 단련시켰다. 이 점을 잊지 말자. 처음부터 어려운 것에 도전하지 말고, 쉬운 것부터 시작하자. 그러면 변화 미션에 성공할 확률도 높아 리더로서의 강한 자신감도 키울 수 있다.

그리고 체계적으로 정리된 심리학 도서를 읽는 것도 좋다. 비전이 있는 리더는 사람들이 갖고 있는 지성·감성·의지적 측면의 심리 상태를 살필 줄 아는 사람이다. 따라서 기본적인 심리학적 지식을 갖는다면 사람들을 이해하는 데 큰 도움이 된다. 아울러 자기 자신을 이해하고 자신의 심리 상태에 맞는 단계별 훈련을 하는 데에도 큰 효과가 있을 것이다.

아무리 좋은 비전을 갖고 있다고 해도 강압적으로 상대방에게 지시를 하는 사람은 좋은 리더로 평가받기 힘들다. 그러니 평화적이면서 효과적으로 자신의 의사를 전달하는 의사소통법을 연습해야 한다. 이때 가장 도움이 되는 방법은 바로 '비폭력 대화'이다. 시중에 이와 관련된 도서가 많이 나와 있고, 관련 강좌도 인터넷에 올라와 있으니 참고하면 된다. 자신의 마음을 제대로 전달하고 상대방의 마음을 잘 보듬는 의사소통법을 배우게 될 것이다.

지금까지의 설명을 듣고 혹시 리더로서 자신감이 떨어졌다면 눈을 감고 마음을 들여다보자. 여러분 자신이 원하는 긍정적인 미래를 떠올려 보자. 그리고 그 미래 안에서 자신이 할 역할을 먼저 살펴보자. 그게 바로 여러분의 비전이다. 그리고 그 비전에 맞는 모습을 갖추려 노력하는 게 바로 리더십이다.

4 리더십이 정말 필요할까?

세 번째 동아리 활동 시간이 되었다. 지난 주에 이어 다른 조의 발표가 이어졌다. 어느 조는 조사와 발표 등 실무 능력이 가장 뛰어난 사람을 조장으로 뽑았고, 어느 조는 가장 인간적으로 사람들을 대하는 조장을 뽑았고, 또 어느 조는 조별 과제를 실행하는 과정을 감독하고 성과를 평가하는 능력이 좋은 사람을 뽑았다고 했다. 찬은 그런 것들이 모두 리더로서 갖춰야 할 중요한 능력이고, 자신에게는 없는 능력이라고 생각하며 발표를 들었다.

　어느덧 회장이 속한 2학년 조에서 시작한 발표는 회장이 없는 2학년 조에서 마무리하게 되었다. 발표를 하기 위해 교탁에 선 아린은 잠시 머뭇거렸다. 그리고 심호흡을 하고 나서 입을 열었다.

　"저는 조원들과 이야기를 나누고 다른 조의 발표를 들으면서 저 자신을 많이 반성하게 되었습니다. 처음에 저는 실무 능력이 있는 사람이 리더로서 최고라고 생각했습니다. 그래서 저를 뽑은 조원들의 결정도 옳았다고 생각했습니다. 하지만 이야기를 나눌수록 조원들이 리더를 뽑을 때 다른 것을 더 중요하게 생각한다는 것을 알게 되었습니다. 지금은 저 자신도 인간적인 사람과 관리 능력이 뛰어난 사람이 리더로서 더 좋다고 생각합니다. 그래서 저라도 그런 사람을 조장, 반장, 회장으로 뽑고 싶습니다."

"왜 그렇지요?"

선생님이 부드럽게 물었다.

"결국 사람이 일을 하는 것인데 인간적이지 않으면 진심으로 리더를 따르지 않을 것이기 때문입니다. 사람들에게 지지를 받지 못하는 리더는 좋은 리더라고 할 수 없다고 생각합니다. 그리고 실무 능력만 좋은 리더라면 비전을 갖고 전체의 틀을 보기 보다 자신이 잘 알고 있는 세부 사항에만 매달릴 위험이 있습니다. 제 경험상 그런 리더는 팀원처럼 일을 하느라 전체를 놓치고는, 자신은 열심히 일을 했는데 억울하다며 팀원들과 인간적으로 멀어질 수도 있습니다. 그래서 팀원과 리더 모두에게 불행한 결과를 가져오기 쉽습니다. 저는 리더십 동아리를 통해 인간적인 리더십을 더 배우고 싶습니다."

"맞아요. 실무 능력이 좋다고 '이미 내가 해 봐서 아는데.'라는 식으로 성과를 내라고 압력을 가한다면 오히려 팀원의 사기는 떨어지겠지요. 단기적으로는 생산성이 높아 보이지만, 결국 이런 리더 아래에는 진정성 있는 팀원들이 모이지 않아 장기적으로는 실패하게 될 것입니다. 지적질만 하는 학생이 있는 조에는 아예 들어가지 않으려 하는 것을 떠올리면 돼요. 그런데 김아린 조장이 자신의 실무 능력보다 다른 능력들에 더 관심을 갖는 것은 혹시 남의 떡이 더 커 보여서 그런 것은 아닐까요?"

"네?"

"리더십 동아리를 통해서 자신의 부족한 리더십 부분을 고치겠다고 하는 것은 좋아요. 하지만 자신이 갖고 있는 장점을 제대로 이해하고 지키면서 함께 발전시키려 하는 게 더 좋겠지요?"

"맞아요. 그건 그래요. 그렇지만 여태까지 제가 리더로서 한 일을 보면 진짜 리더십은 없었던 것 같아요. 일 좀 잘하는 팀원이었을 뿐이에요."

"팀은 어쨌든 뭔가 일을 하기 위해 모인 거예요. 즉, 성과를 내야 하지요. 그런데 너무 사람 중심으로 운영을 한다면 사교 모임의 리더로는 좋지만 단기간에 성과를 내는 데는 약점이 될 수 있어요. 반면 관리를 한답시고 과제 중심으로 업무 분담을 하고 '나는 조장이고, 너는 팀원이니 그냥 시키는 대로 따라 해.'라는 식으로 리더십을 발휘해도 문제는 생기겠지요."

아린은 선생님의 말을 귀담아들었다.

"물론 이렇게 말하면 과제 중심으로 리더십을 발휘하는 게 또 나빠 보여요. 하지만 전쟁을 하고 있는 군대에서 과제 중심의 리더십을 발휘하지 않는다면 어떻게 될까요? 혹은 동창회와 같은 사교 모임에서 행사를 기획하는데 딱딱하게 군대식의 상명하복 리더십을 발휘한다면 어떻게 될까요?"

"문제가 생기겠지요."

"과제 중심이든 인간 중심이든 한쪽으로 치우치는 것은 좋지 않아요. 인간 중심의 리더십을 발휘하던 사람도 어떤 경우에는 과제 중심의 리더십이 필요하겠지요? 아까 다른 조의 조장이 발표할 때 인간적으로 친할 자신은 있는데 토론 과제를 어떻게 해내야 할지 몰라 걱정이라고 한 말 기억하지요?"

아린은 고개를 끄덕였다.

"그 반대도 마찬가지예요. 학교에서도 주된 과제가 교육이라면서 공부만 시키고 교우 관계를 살피지 않고 선생님과 학생 간의 관계도 무시하고, 동아리 활동이나 체육 대회, 축제도 하지 않는다면 어떻게 되겠어요? 스트레스가 쌓여 공부도 제대로 하지 못하게 될 거예요. 군대에서도 일과 후에는 분위기를 풀어 주며 친밀함을 쌓게 하지 않으면 갈등이 심해져 사고가 날 수도 있어요. 그러니 자신의 부족한 점을 깨닫는 것은 좋지만, 다른 한쪽으로 치우친 리더십을 개발해서 발휘하려는 것은 좋지 않아요."

아린은 그제야 제대로 방향을 잡았다고 생각했는지 표정이 밝아졌다.

"어떤 리더십이 모든 상황에 다 좋은 건 아니니까 상황별로 더 효과적인 리더십을 찾아서 쓸 줄 알아야 해요. 그래서 이렇게 조별 발표를 하게 해서 각각 어떤 생각으로 리더를 뽑았고, 그 리더가 어떤 리더십을 발휘하여 어떤 결과를 내는지 직접 확인할 수 있게 선생님이 과제를 만든 거예요."

아린은 고개를 끄덕였다.

"지금 조장들은 1학기 동안 진행할 과제 속에서 다양한 리더십을 연습해 보도록 해요. 그리고 조원들도 그 과정을 잘 지켜보면서 자신이 리더가 되었을 때 어떻게 할지를 꼭 생각해 보기 바랍니다. 2학기 회장을 뽑기 전에 리더십 체험 보고서를 적어서 내도록 할 테니까요."

선생님은 흐뭇하게 웃으며 말했다.

"정말 다행이에요. 여러분 모두 나름대로 좋은 이유에서 조장을 뽑았어요. 자기가 열심히 하기 싫어 희생양을 삼으려 조장을 뽑았거나, 그 반대의 조장을 뽑은 경우도 없었어요."

학중이 질문했다.

"반대의 조장요?"

"조장 중에는 일을 시작하기도 전에 조별 과제가 잘 안 되었을 때 그 책임을 물을 희생양을 찾는 데 더 열심인 사람도 있잖아요. 팀원 중에 누가 있는데 '그 애가 잘할지 모르겠어.'라고 처음부터 밑밥을 깔아 놓는 사람 말이에요."

선생님의 말을 들으며 뜨끔하는 조장이 있었지만 짐짓 태연한 척했다. "그런 사람들은 리더인 자신이 옆에서 그런 팀원을 더 보조하면서 관리했어야 한다는 사실을 다른 사람들이 잊도록 아주 열심히 희생양을 비판하지요. 그러면서 정작 리더 자신에 대해 비판할 기회는 공식적으로 주지 않아요. 그런데 방금 전 발표한 김아린 조장처럼 스스로 비판하는 리더도 있었으니 선생님은 아주 기뻐요."

선생님은 찬을 보며 말했다.

"이제 마지막 촌평은 우리 회장에게 들어 볼까요? 부디 솔직하게 이야기해 주기 바랍니다."

'솔직하게'라는 말을 듣자 찬은 가슴이 뛰었다. 솔직하게 "리더십을 갖게 되면 참 좋지만 힘드니까, 리더 안 하고 대충 살면 안 될까요?"라는 말을 하고 싶었다. 하지만 이미 동아리 회장 리더가 된 자신이 할 말은 아니었다.

"모두 좋은 이유로 조장을 잘 뽑은 것 같아서 앞으로 동아리 활동이 기대됩니다. 회장으로서 열심히 하겠습니다."

찬이 담담하게 말했다.

"좋아요. 그 마음 그대로 열심히, 솔직하게 오늘 모임 평가부터 해 보는 건 어떨까요?"

찬은 얼굴이 벌겋게 달아올랐다. 마치 어물쩍 넘기려다 걸린 것처럼. 찬의 대답을 기다리는 선생님과 학생들의 눈빛이 점점 더 강해졌다. 찬은 힘겹게 입을 열었다.

"저는 이야기를 들으면서 '역시 나는 리더로서 많이 부족한 사람이구나.'라는 생각을 더욱 강하게 갖게 되었습니다."

"부족해서요?"

선생님은 아린처럼 부족한 점을 더 발전시키겠다는 말을 기대하며 캐물었다. 하지만 찬의 대답은 달랐다.

"저는 그저 소박하게 살아야 되는 팔자인가 봐요."

아까와는 전혀 다른 찬의 이야기에 학생들은 웃었다. 하지만 선생님은 웃지 않았다.

"소박하게?"

"네, 소박하게."

선생님의 표정이 굳어졌다.

"현실적으로 그렇게 리더십이 없이 소박하게 살 수 있는 세상인가요?"

"그런 것 같은데요."

"좋아요. 개인적으로 노력하는 것이 힘들고, 행복을 추구하는 방식이 서로 다른 것을 인정해도 세상에는 경쟁이 있어요. 여러분이 사장이고, 취직하려는 후보자들을 대상으로 면접을 보는데 한 사람이 '저는 리더가 되는 건 너무 힘들어서 포기했고, 그냥 직원으로 계속 행복할 길을 찾으려 해요.'라고 말하면 뽑힐까요?"

"아니요."

한 학생이 대신 대답했다. 학중이 끼어들었다.

"현실적으로 면접에서 누가 그런 식으로 말해요?"

"맞아요. 현실에서 이렇게 말하는 사람은 없어요. 하지만 다층적인 면접 기법을 통해 이런 후보자의 특성을 면접관은 골라낼 수 있어요. 제가 처음에 회장이 마음에도 없는 촌평을 이야기했을 때 다시 답변하게 했던 것처럼 집요하게 솔직한 마음을 내보일 때까지 몰아붙여요. 왜냐하면 어떤 조직이든 적극적인 사람이 필요하거든요. 열정이 없는 사람은 태만하게 일을 할 확률이 높기에 꼭 가려내려고 해요. 평범한 팀원이 되려고 해도 이제는 적극적인 리더십이 필요한 시대가 되었어요."

선생님은 찬을 보면서 말했다.

"교육은 어떻게든 사회가 필요로 하는 인재를 만들어 내려고 합니다. 세계 여러 사회에서는 리더십이 있는 인재가 필요하며, 우리나라도 2015년 교육과정 개정을 통해 길러 내야 하는 핵심 역량으로 리더십을 선정하기도 했어요. 즉, 리더십 역량을 기르지 않으면 경쟁에서 밀려날 수밖에 없는 게 현실이에요. 그래서 저는 이미 리더십을 갖춘 사람보다 스스로 리더십이 없다고 생각하는 사람에게 더 관심과 노력을 기울여서 경쟁력을 갖출 수 있도록 교육하려고 하는 것이랍니다."

선생님은 찬에게 다가갔다.

"선생님의 이런 노력이 싫다면 회장을 하지 않아도 좋아요. 그렇지만 리더십을 갖춰야 소박하게라도 살 수 있다는 현실은 잊지 말아요. 그리고 언젠가 또 다른 선생님이나 친구들이 리더십을 키울 수 있도록 도와주려고 할 때는 그 기회를 잡기 바라요. 자, 지금 도전할 거예요, 아니면 다음에 도전할 건가요?"

찬은 선생님의 진심을 알았다. 하지만 당장 도전하는 것은 부담이 되었다. 머뭇거리다가 모기만 한 소리로 대답했다.

"다음에 도전하고 싶어요."

선생님은 아쉬운 표정을 감추지 못했다.

"그럼 대신에 리더가 되지 못하는 이유를 스스로 생각해 보기는 했을 테니 그것에 대한 이야기를 하면 회장에서 물러날 수 있게 해 줄게요."

찬은 평소 생활하면서, 그리고 오늘 조별 발표를 들으면서 생각난 것들을 이야기했다. 자신이 열정이 없고, 실무 능력이 없고, 관리 능력이 없다는 것을 천천히 고백하듯이 말했다. 그때 선생님이 끼어들었다.

"좋아요. 제가 이번에는 리더십 연구자들이 입을 모아 얘기하는 리더가 되지 못하는 사람의 특징을 말할 테니 본인이 얼마나 그에 해당하는지 우리가 볼 수 있게 손으로 꼽아 볼래요? 옆의 친구도 함께 꼽아 주세요. 자기가 아니라 남궁찬이 해당되는 특징이 있다면 손을 접어 주세요. 그리고 다른 사람들도 스스로 한번 평가해 보세요."

둘은 고개를 끄덕였다. 선생님은 찬과 찬의 옆에 앉은 친구를 보면서 말했다.

"다른 사람들의 심리 상태에 무관심하거나 둔감한가요?"

"아닌데, 다른 애들 마음에 민감한데. 그래서 오히려 눈치를 더 많이 보는 편인데."

옆 친구가 말했다.

"그러면 손을 접지 말고 가만히 있으면 돼요. 다행히 남궁찬 본인도 그렇지 않다고 동의하고 있네요."

선생님의 표정이 아까보다는 밝아졌다.

"자기 능력만 믿고 오만하게 행동하나요?"

"너무 겸손해서 탈인데요?"

친구가 대답하기 전에 찬도 전혀 아니라고 소리칠 뻔했다. 그 대신 손가락에 힘을 더 주었다.

"다른 사람을 믿지 않나요?"

이번에도 친구와 찬은 둘 다 손가락을 접지 않았다.

"다른 사람이 믿을 수 없는 행동을 하나요?"

"아니요."

"자기 욕심만 지나치게 추구하나요?"

"아니요."

"과정보다는 결과에만 치중하나요?"

"이건 솔직히 잘 모르겠어요."

친구와 찬 모두 손가락을 접을지 말지 고민했다.

"고민되면 억지로 선택하지 않아도 돼요. 이것은 나중에 다시 생각해 보고요. 권한을 다른 사람과 나누지 않고 독차지하면서 다른 사람들을 강제로 관리하려 하나요?"

"전혀요."

"자, 어떤가요? 리더십 전문가들이 말한 리더가 되지 못하는 특성 중에 본인이 몇 개나 해당되나요?"

찬은 친구의 손과 자신의 손을 쳐다보았다. 손가락은 하나도 접혀 있지 않았다. 오히려 남몰래 손가락을 접은 조장이 더 많았다.

"자신이 리더가 될 자질이 없다고 생각하지만 객관적으로 그렇지 않을 수 있어요. 이래도 동아리 회장이 되기 싫은가요?"

찬은 머뭇거렸다. 선생님은 가만히 지켜보기만 했다. 그런데 주변 학생들이 난리였다.

"야, 그냥 해. 우리가 도와줄게."

"잠깐만요. 남궁찬이 선택하게 기다려 봐요."

찬은 계속 머뭇거렸다.

"예전처럼 확실히 동아리 회장이 하기 싫나요?"

"아니요. 그건 아니에요."

"그럼 하고 싶나요?"

"솔직히 그것도 아니에요."

선생님과 학생들은 한숨을 지었다. 학생들의 반응을 보고 걱정스러운 눈길로 선생님이 말했다.

"좋아요. 그러면 2학년 중에 다른 조의 조장인 김아린에게 우선권을 줄게요. 김아린은 1학기 회장을 해 줄 수 있나요?"

"네."

아린은 너무 기뻐서 바로 대답했다.

"좋아요."

선생님은 낮은 목소리로 다음 시간 과제에 대해 설명하기 시작했다. 아린은 찬의 표정이 점점 더 어두워지는 것을 보면서 선생님의 마음을 헤아려 보았다. 그리고 무엇보다도 아까 자신이 발표했던 내용 중 인간적인 면에 대한 것을 떠올리니 가만히 있을 수 없었다.

아린은 서둘러 쪽지에 편지를 써서 찬에게 전했다. 찬은 그 쪽지를 보고 아린의 얼굴을 한번 보고는 고개를 숙였다. 아린이 다시 쪽지를 전했다. 찬은 머뭇거리다가 쪽지를 펼쳤다. 그리고 다시 아린을 쳐다봤다. 아린이 강렬한 눈빛을 발사했다. 찬은 조용히 고개를 끄덕였다. 아린은 밝은 표정으로 손을 들었다.

"아린이 왜?"

"선생님, 저와 남궁찬이 공동 회장을 하면 어떨까요? 여자 회장, 남자 회장이라고 해도 좋고요. 찬이 혼자서 회장하는 게 부담돼서 그런 거지, 진짜 회장 자체가 싫었던 것은 아니래요. 맞지?"

아린의 말에 찬은 조용히 고개를 끄덕였다.

"선생님, 공동 회장으로 동아리를 운영해도 괜찮지 않을까요? 그게 안되면 제가 부회장을 하는 건 어떨까요? 학급에서도 반장과 부반장이 있잖아요."

선생님은 잠시 생각에 잠겼다가 말했다.

"좋아요. 이왕이면 리더가 한 명 더 있는 공동 회장으로 해요. 하지만 이제 번복하기 없기예요?"

"네."

찬과 아린이 동시에 대답했지만 아린의 목소리가 훨씬 컸다.

선생님이 다음 토론 과제를 설명하고 교재를 나눠 주는 것으로 동아리 시간이 끝났다. 서둘러 자리를 뜨는 찬을 쫓아가며 아린이 말했다.

"약속 지켜 줘서 고마워."

찬은 겸연쩍은 미소를 지었다. 다른 애들이 주위를 둘러쌌다.

"쪽지에 뭐라고 적은 거야?"

찬은 끝내 쪽지를 보여 주지 않았다. 찬은 화장실로 들어가서 그 쪽지를 다시 읽었다.

작년 조별 과제 함께할 때 일을 잘하지 못했다며 다음에는 내 일을 꼭 도와주겠다고 한 약속 잊지 않았지? 내가 아까 발표한 것처럼 나도 리더십에 자신이 없어서 혼자 회장을 하지는 못해. 그러니 나와 함께 공동 회장을 하자. 힘든 일이 있으면 내가 더 열심히 할게.

다른 쪽지에는 더 굵은 글씨로 이렇게 적혀 있었다.

너만을 위해서가 아니라 나를 위해서 꼭 도전해 줘. 내 도전을 도와줘.

찬은 아린이 자기를 끌어들여서 골탕을 먹이려고 하는 말이 아니라는 것을 진지한 얼굴 표정으로 알 수 있었다. 선생님과 아린이 도와줄 때 도전하지 않으면 더 좋은 기회가 언제 생길지 모른다는 생각이 찬의 마음을 움직였다. 그리고 약속을 지키지 않고 도움을 거절했을 때 아린이 어떻게 나올지도 걱정되었다. 생각해 보면 아린이 나서서 공동 회장을 제안한 것이 너무도 고마웠다. 찬은 이제 정말 잘해 보겠다며 주먹을 불끈 쥐었다.

한편 아린은 종례 후에 교무실로 가서 오예빈 선생님을 찾았다. 선생님께 자신의 제안을 받아들여 줘서 감사하다는 인사부터 했다. 그러자 오히려 선생님이 고맙다고 말했다. 선생님은 어떻게 공동 회장을 생각하게 됐느냐고 물었고, 아린은 그 과정을 솔직하게 말했다. 선생님은 흐뭇한 표정으로 이야기를 들었다.

"공동 회장을 해서 너 자신이 새롭게 도전하면서도 찬이를 자극하는 거야말로 너의 멋진 리더십 과제가 될 거야. 그 도전을 응원하는 마음을 담아 선생님이 조언을 하나 해 줄게."

아린은 선생님의 말을 잊지 않기 위해 메모장을 펼쳤다.

"찬이는 지금 자신감이 없어. 네가 잘하는 일이라고 너무 나서서 '자, 이런 식으로 하면 돼.'라고 하면 찬이가 기죽어서 나서지 않게 될 거야. 그러니 찬이가 성과를 내서 사람들에게 빨리 인정받을 수 있는 일을 나눠 주려고 해 봐. 네가 작년에 찬이와 학급 조별 과제도 함께 했다고 하니 찬이를 선생님보다는 더 잘 알 거야. 자그마한 성공이라도 꼭 드러나게 해 줘서 아이들이 다 알 수 있도록 해야 해."

"네, 그럴게요. 찬이가 아이들과 친화력이 좋으니 인간적인 부분을 맡기고 저는 배우는 마음으로 지켜볼 거예요."

"좋은 생각이야."

"저는 찬이보다 3학년 선배들이 걱정이에요."

"왜?"

"아무래도 2학년인 저희가 회장이라서 기분 나빠 할 것 같아서요."

"네가 조별 과제 때 조장 하듯이 업무를 지시하면 당연히 기분 나빠 하겠지."

"맞아요. 제 스타일이 그래서 걱정이에요."

"지시는 늘 조심스럽게 말하는 습관이 든 찬이가 맡는 게 더 나을 수 있어. 단점이라고 생각한 것이 오히려 장점이 되는 경험을 하는 것도 찬이한테는 좋아. 마찬가지로 네가 인간적인 면이 부족하다고 생각하는 것을 오히려 장점으로 만드는 기회도 만들어 볼 수 있어."

"어떻게요?"

"너희들이 잘 쓰는 '츤데레'라는 말이 있잖아. 그것처럼 좀 딱딱하게 굴던 사람이 어느 순간 부드럽게 말하거나 잘해 줄 때 더 효과적일 수도 있어. 네가 처음보다 두 번째 쪽지를 전해 줬을 때에 남궁찬의 마음을 더 쉽게 움직였던 것처럼 말이야."

"아하."

아린은 환한 미소를 지었다.

"그리고 3학년이라고 해서 뭐든지 잘하는 것은 아니야. 물론 너보다 수행 과제 경험이 많아서 더 잘하는 애들도 있겠지. 하지만 그런 실무 능력으로 부딪히기보다는, 동아리 단합 대회나 축제를 준비하면서 서로 인간적인 교류를 한다면 네가 걱정하는 부분은 쉽게 해결될 거야. 그러니 너는 어떻게 하면 그런 행사를 잘할지를 더 고민해 봐."

선생님은 껄끄러운 선배와 함께 발을 묶고 이인삼각 경기에 참가하는 상황을 상상해 보라고 말했다.

"인간적인 교류의 물꼬를 트면 다른 일을 처리할 때도 편해져. 이것은 리더가 아니라 팀원끼리도 필요한 것이니 그런 식으로 조를 구성해 보도록 해."

"일종의 정면 돌파군요."

"아니, 정면 돌파가 아니라 우회해서 가는 거야. 일로 부딪힐 걸 놀이로 연결시키는 거니까."

"아하."

"저는 선생님이 처음에 남궁찬을 회장으로 시킨 것도 그렇고 정면 돌파 스타일인 줄 알았어요."

"그건 정면 돌파인 게 맞아. 내 지시를 잘 따르지 않을 것 같은 구성원에게는 새로운 일이나 예외적인 과제를 주는 게 좋아. 리더에게 대항하는 힘을 새로운 일에 적응하는 데 쓰도록 하면 반발심을 낮출 수 있거든."

"와."

"아이고, 이렇게 말하니 선생님이 무섭게 느껴지지? 사람을 막 조종하는 것 같고."

아린은 웃으면서 대답했다.

"네, 솔직히 그런 점도 있어요."

"개인적인 이익을 위해 조정하면 물론 나쁜 리더지. 하지만 동아리 수업 중에 말한 것처럼 전체 교육의 비전을 위해 전략을 쓸 줄 아는 것도 리더십이니까."

"아, 역시 리더십은 어려워요."

"선생님에게도 어려워. 그렇지만 어려운 대신 도전하는 열정도 그만큼 커지지. 게임도 너무 쉬우면 재미없잖아. 좀 어려워야 도전하는 맛이 나거든."

"그건 그래요."

"자, 이제 바쁘겠구나. 동아리에서 조장도 회장도 다 해야 하고, 학교 공부도 해야 하고."

"힘들겠지만 그만큼 재미있을 거 같아요."

"좋아, 바로 그 자세. 그게 리더에게 필요한 도전 의식이야. 네가 리더십의 요소를 직접 실행할 줄 안다는 것을 잊지 말고 자신감을 가져 봐. 그리고 힘들 때는 선생님에게 물어보고. 좋은 리더는 다른 사람의 조언에도 열린 마음을 가진 사람이라고 말한 것 기억하지?"

"네. 그럴게요."

선생님께 인사하고 교무실을 나오는 아린의 발걸음이 가벼웠다.

리더십이 소용없는 상황

모든 상황에 다 좋은 리더십은 없더라도, 적어도 상황에 따라 효과가 있는 리더십이 있다. 그러나 리더십이 필요 없게 되는 상황도 있다. 이런 상황을 이해한다면 리더십에 대한 자신감을 떨어뜨리지 않으면서 더 긍정적으로 생활할 수 있다.

먼저, 구성원들이 높은 기술과 전문성을 가졌을 때 리더의 지시를 따르지 않는 경우가 있다. 예를 들어 학교 축제를 준비하는데 춤에 대해서 잘 알지도 못하는 반장이 성공 전략이라며 구체적인 안무 동작을 댄스팀에게 지시한다면 어떨까? 대놓고 거부하거나, 아니면 건성으로 알았다고 대답하고는 자기들 맘대로 춤을 출 것이다.

사회에서도 비슷한 일이 벌어진다. 기술자가 "이러이러해서 기술적으로 안 될 수밖에 없다." 하고 버티면, 사장 자신이 기술 분야에 전문가가 아닌 이상 더 지시해도 소용이 없고 설득을 해도 변하는 게 없다. 그런가 하면 자신의 분야는 일반 부서와 다르게 독립된 체제로 가야만 한다고 주장하는 직원도 있다. 조별 과제에서도 "내가 너보다 분석 자료는 더 잘 만드니까 간섭하지 말고 그냥 놔둬."라는 식으로 선을 긋는 팀원이 생기기도 한다.

이렇게 리더가 상황을 잘 모르고 실무를 담당한 팀원이 강경한 태도를 취할 때는 리더가 일단 믿고 맡기는 모습을 보여 주려 노력해야 한다. 그러면 팀원은 자신이 인정받는 것에 만족해하며 리더에게 마음을 열 가능성이 커진다.

그런데 전문성과 독립성을 강조하는 경우 말고도, 구성원이 조직이 제공하는 보상에 대해 무관심할 때 리더십이 효과를 보기 힘들다. 만약 리더가 조직의 목표를 이루면 보너스를 주겠다고 했는데 구성원이 관심이 없어 그저 여태까지 해 오던 대로 한다면 어떨까? 회사에서 쫓겨나지 않을 정도로만 적당히 일을 하는 구성원인 경우에는 새로운 리더가 와도 그 효과를 거두기 어렵다.

학교에서도 조장이 내세운 음료수나 간식, 벌금 등에 신경을 쓰지 않는 팀원이 있는 경우 리더십이 제대로 발휘되지 않는다. 일단 특정 조에 들어가 조별 과제를 할 수 있게 된 것에 만족하는 구성원에게는 리더의 노력이 효과를 거두기 어렵다.

아울러 구성원이 전체 리더보다 내부 팀장이 주는 보상과 처벌을 더 신경 쓴다면 리더의 지시가 효과를 거두기 어렵다. 축구 감독이 전략을 잘 짜도 선수들이 자기와 친한 선수에게만 패스를 하거나, 오랜 시간 함께 지낼 수밖에 없는 주장의 말을 더 무서워한다면 감독의 리더십이 효과를 볼 수 있을까? 실제로 세계 여러 나라 스포츠 감독들은 선수들과의 갈등으로 감독직을 내려놓기도 한다.

대통령이 바뀌어 기존의 패악을 철폐하고 개혁을 하려 해도 특정 조직에서는 공공연하게 반발한다. 일부 공무원들은 따로 패거리를 만들어 과거의 행태를 되풀이하지만, 대통령이 이를 어쩔 수 없는 경우가 많다. 패거리가 있는 데다가 리더와 해당 구성원 사이에 엄청나게 많은 단계와 중간 구성원들이 있다면, 즉 조직의 통제 범위가 방대하다면 리더의 지시가 제대로 먹힐 수가 없다.

한편, 과제 자체가 애초에 리더십을 통해 달라질 것이 없는 경우도 있다. 가령 반장의 역할이 겨우 수업 시간 시작과 끝에 대표로 인사를 하는 정도라면 리더십으로 결과가 얼마나 달라질까? 또한 어떤 전자 회사의 직원의 업무가 제품의 내구성을 알아보기 위해 높은 곳에서 갖가지 제품을 떨어뜨리고 그 결과를 보고하는 것이 전부라면, 리더가 강조하는 과제 혁신의 리더십이 효과를 볼 수 있을까?

사회에는 리더십이 효과를 발휘할 수 있는 과제도 있지만, 그렇지 않은 과제도 있다. 과제를 구별하지 못하고 리더십을 밀어붙이려는 리더가 진정한 리더일까? 앞에서 예로 든 것처럼 리더십이 제대로 발휘되지 못하는 상황이라면 과연 어떻게 해야 할까? 리더가 그냥 두 손 들고 나온다면 그 역시 진정한 리더라고 할 수는 없다. 다음과 같은 방법을 실행한다면 어느 정도 효과를 거둘 수 있을 것이다.

첫째, 리더로서 최종적으로 얻으려고 하는 구체적인 목적을 결정하자. 모든 과제에 대해 지시 내리고, 모든 구성원으로부터 충성심을 얻고, 단번에 조직을 변화시키는 것이 목적이라면 그 리더는 실패할 확률이 높다. 하지만 자신의 리더십이 작용하기 힘든 업무를 하는 구성원들과 자신의 리더십을 통해 변할 구성원들 간의 효과적인 상호 작용을 기획한다면 조직 전체의 결과물은 원래보다 더 나아질 확률이 높다. 자신이 어디까지 조직을 장악하고 어느 수준까지 구성원들의 팔로어십을 얻을 것인지 냉정하게 구체적으로 결정한다면 그 계획을 진행하는 과정에서의 스트레스도 줄일 수 있다.

예를 들어 두 명의 구성원과 대화를 하는 상황에 있다면, 열 명과의 대화를 예상했던 리더는 실패했다면서 스트레스를 받을 것이고, 애초 한 명을 예상했던 리더는 그 정도도 성공했다고 느낄 것이다. 전체 조, 전체 학급이 안 된다면 일단 편안한 대상부터 목표로 잡고 단계별로 접근해야 한다.

둘째, 구성원과 조직의 수준을 진단해 보자. 앞서 설명했던 과제에 대한 능력과 동기를 세심하게 파악하려 하는 것과는 다르다. 구성원 자신이 실제로 과제에 대해 갖고 있는 능력만이 아니라 갖고 있는 능력이라고 믿는 부분까지도 파악해야 한다.

실제로 10의 능력을 갖고 있는데 20의 능력을 갖고 있다고 생각하는 구성원에게 진실을 말해 준다면 리더십이 발휘될 수 있을까? 안 될 것이다. 만약 그 구성원에게 20을 수행하도록 부추긴다면 어떻게 될까? 단, 바로 20을 요구하는 것이 아니라 11과 12에 해당하는 비교적 작은 도전 과제부터 이야기하는 것이다. 그렇게 차근차근 늘려 나가며 인간적인 관계를 맺어 보자. 분명히 무시하고 포기했을 때와는 다를 것이다. 앞에서 오예빈 선생님이 아린에게 자신이 가진 실무 능력을 더 다지면서 리더십을 발전시키라고 조언한 것도 이 점을 고려했기 때문이다.

조별 과제를 할 때에도 자신의 자료 수집력을 너무 믿고 자신이 속한 자료 수집 팀과 따로 움직이려는 조원들이 있다면 그들의 자료 수

집력을 테스트해 볼 수 있는 과제를 미리 주고, 그 능력에 맞거나 그 것보다 좀 더 수준 높은 세부 과제를 전달하도록 해야 한다. 그 과제를 하지 않겠다고 맞서면 그들 자신이 갖고 있다고 믿는 능력에 비춰 충분히 할 수 있다고 말하거나, 실제로 그런 성과를 내는 경쟁자를 언급해서 마음을 움직일 수 있다.

이 전략은 경쟁에서 뒤처진 소프트웨어 회사에서 개발자를 움직여 시장에서 팔 만한 어떤 프로그램을 내놓을 때 쓰는 방법이기도 하다. 입계 최고의 프로그램을 따라 하라고 말하는 것이 아니라, "당신이라면 할 수 있는 프로그램이고, 이미 이 정도는 나와 있다."라고 말한다. 프로그램을 만드는 세부 과정이 독립적으로 진행되고, 또 전문가가 아닌 리더가 판단하기 힘들긴 하겠지만 프로그램 개발 팀 나름대로 움직여 결국 성과를 만들어 낸다. 리더로서 친밀한 인간관계는 못 얻어도 조직 목표에 맞는 성과물은 챙길 수 있다.

리더는 리더십이 제대로 발휘되지 않는 상황을 결코 바라지 않는다. 하지만 그런 상황이 올 수 있음을 알고 대비한다면 더 좋은 리더가 될 수 있다. 재난 가능성을 무시하는 사람, 재난이 났을 때 변명하는 사람, 상황 탓이나 남 탓을 하는 사람과 재난에 대비하는 사람이 전혀 다른 결과를 얻게 되는 것처럼.

5 최악의 리더는 바로 너야!

"자, 이번 주부터 4주 동안은 여러분이 직접 겪은 학교나 학원의 선생님, 반장, 수련원 지도자 등을 떠올리며 '최악의 리더'를 뽑은 다음 토론을 통해 분석하고 발표하는 시간입니다. 가장 잘한 조는 모두에게 플러스 점수를 줄 거예요. 그 점수를 나중에 합산해서 해외 연수 대상자를 선발할 것입니다."

선생님은 과제를 다시 설명했다.

"최악의 리더를 뽑는 이유는 여러분이 타산지석의 교훈으로 그런 리더가 되지 않아야 하기 때문입니다. 무엇을 하지 않아야 하는지 확실히 알게 되면 리더로서 더 좋은 선택을 할 수 있을 거예요. 그리고 직접 경험한 인물을 바탕으로 하는 것은 역사책이나 신문 기사에서 접한 인물보다 더 생생하게 분석할 수 있기 때문이에요. 이 점 잊지 말아요. 꾸며 내면 0점 처리할 거예요."

"최악의 리더가 우리 학교 선생님이라면 이름을 밝혔다가 혼나지 않나요?"

학중이 물었다.

"혹시 그 선생님이 저인가요?"

학생들이 웃었다.

"설령 저라고 해도 혼내지 않을 거예요. 그런데 이름을 밝히지 않아도 돼요. 그냥 사례를 이야기하고 잘 분석하기만 하면 돼요. 아, 특정인을 욕하기 위한 과제가 아니니 그 사람의 이름보다는 각자 생각하는 최악의 리더를 다른 사람이 잘 이해할 수 있도록 비유로 말하는 게 더 좋겠어요."

다들 조별 토론으로 최악의 리더를 뽑느라 여념이 없었다. 저마다 경험한 사례를 이야기하다 보니 여기저기에서 한숨과 분노와 공감의 소리가 끊이지 않았다.

아린은 선생님이 왜 여섯 명 정도가 좋은 조 구성이라고 했는지 절실하게 느껴졌다. 김아린 조는 조원이 많지 않아 다른 조에 비해 경험 사례가 적었던 것이다. 그런데 정작 어려움은 다른 곳에 있었다.

"최선을 뽑는 것도 힘들겠지만 최악을 뽑는 것도 쉽지 않네."

저마다 다른 이유로 나쁜 리더가 많아서 가장 나쁜 것을 뽑는 것이 힘들었다. 그리고 리더십 요소와 비교해서 그 이유를 설명해야 하니 공부가 필요했다. 아린은 오늘은 일단 사례만 정리하고 리더십 요소 분석을 위한 공부는 학교와 동네 도서관에서 책을 빌려서 함께 하자고 제안했다.

"그러면 다음 주까지 하기 힘들지 않을까?"

"그래도 그냥 우리 머릿속에서 나온 생각으로 비판하는 것보다 결과가 더 좋을 거야. 도서관에 가서 어떤 책을 보면 좋은지는 내가 먼저 조사해 놓을게."

아린의 말에 조원들은 고개를 끄덕였다. 주말에 김아린 조는 도서관에서 만났다. 아린이 빌려온 책을 함께 읽으며 토론을 했다. 그리고 선생님이 했던 말을 종합해서 가장 나쁜 리더를 뽑았다.

아린은 자기네 조의 발표 준비가 잘되고 있다는 생각에 뿌듯했다. 한편으로는 다른 조가 어떻게 발표할까 궁금하기도 했다. 다른 조의 발표도 잘되어 멋진 토론이 되기를 바랐지만, 자기네 조가 최고 점수를 받기를 바라는 마음이 더 컸다. 동아리 회장으로서 이런 마음을 가져도 되는지 찜찜했지만 경쟁에서 이기고 싶은 마음을 떨칠 수가 없었다.

다시 동아리 활동 시간이 돌아왔다. 선생님은 각 조가 차례로 발표를 한 다음 누가 최악인지 토론을 벌여 승자를 결정하는 방식으로 진행된다고 설명했다. 이번에는 1학년부터 발표를 시작했다.

"저희는 놀쇠 리더가 최악의 리더라고 생각합니다."

"놀쇠?"

"리더이기는 하지만 팀원에게 관심이 없고, 일에도 관심이 없고 직책만 리더인 사람이지요."

직책만 리더라는 말에 찬은 속으로 찔렸다.

"말도 별로 하지 않고, 과제 지시도 안 하고, 무슨 일이 생기면 자기 잘못이 아니라며 남 탓하기에 급급한 사람이에요."

"구체적으로 어떤 사례인가요?"

"저희는 조장이 되고서도 아무 일도 안 하고 심지어 제대로 연락도 닿지 않다가 과제 제출 마지막 날에 나타나서 큰일 났다고 말하는 사람 이야기를 하다가 이런 리더가 최악이라고 생각하게 되었습니다."

여기저기에서 공감의 목소리가 터져 나왔다. 1학년 조장은 만족한 표정으로 발표를 마치고 토론 대표석에 앉았다. 이어서 다른 1학년 조장이 발표를 했다.

"저희는 능력 없이 착하기만 한 리더를 최악으로 꼽았습니다. 일을 잘할 줄 모르면서도 여기저기 참견하다 결국 일이 틀어지게 하고 미안해하고 자책하는 사람이에요. 팀원이 리더를 비판하고 싶어도 괜히 자기가 나쁜 사람처럼 느껴져서 비판하지 못하게 돼요. 오히려 리더를 위로하느라 스트레스를 받게 되고요. 리더가 팀을 이끄는 게 아니라 팀원들이 리더를 이끌려고 고생하게 되니까 최악이라고 생각합니다."

조장은 초등학교 때 반장을 옹호하는 편과 그렇지 않은 편으로 나누어져 아이들끼리 갈등하게 된 이야기를 했다.

2학년 차례가 되어 찬이 속한 조의 조장인 학중이 나섰다.

"저희는 신과 함께형 리더가 최악이라고 생각합니다. 이 이름은 유명 웹툰 내용과는 상관이 없고요. 모든 일은 어떻게든 결과를 만들어 내게 되어 있다며 운명에 맡기는 특성 때문에 이름을 이렇게 붙였습니다."

학중의 재치 있는 소개에 학생들은 호기심을 갖고 귀를 기울였다.

"처음에 1학년 조장이 발표한 놀쇠 리더와 비슷하게 보이기도 해요. 하지만 이 리더는 신이 그렇듯이 과제보다는 인간을 보살피는 것에 더 신경을 쓴다는 점에서 다릅니다. 과제 기한이 닥쳐 온 상황에서도 작업을 재촉하지 않아요. 아이들이 힘들어할까 봐 포용합니다."

학중은 다른 조가 발표한 것과 비교하면서 설명을 계속했다.

"이런 측면에서는 다른 1학년 조장이 발표한 착하기만 한 리더와 비슷해요. 하지만 자기가 직접 참여하지는 않고, 위에서 굽어보기만 해요. 그리고 팀원들의 힘든 이야기를 잘 들어 줘요. 그리고 잘되게 해 달라고 두 손 모아 기도를 해요. 잘될 것이라 믿으면 실제로 잘될 거라고 말해요."

학중은 자신이 경험한 담임 교사 이야기를 자세히 소개했다. 그다음은 김아린 조의 차례였다.

"저희는 박치 리더가 가장 나쁜 리더라고 생각합니다. 인간적인 면이 필요할 때는 과제 중심적인 리더로 움직이고, 과제 중심적이어야 할 때는 인간적인 면을 부각시켜 일의 박자를 제대로 못 맞추는 리더예요."

아린은 자신이 읽었던 참고 도서를 인용해 가며 이야기했다. 선생님과 학생들은 고개를 끄덕였다.

"이 리더는 무능하지는 않아요. 인간적이기도 하고 실무 능력도 갖췄어요. 이러한 유형의 리더는 어떤 상황이 되었든 과제와 인간이 모두 중요하다면서 강조합니다. 하지만 마치 두 마리 토끼를 쫓는 것처럼 결국 둘 다 놓치게 되기 쉽지요. 하나에 더 집중하면 더 좋은데 말이에요."

"둘 다 잘하면 더 좋은 거 아닌가요?"

3학년 학생이 비판적으로 물었다. 조별 토론을 할 때 그에 대해 이야기를 나눈 터라 아린은 여유 있게 대답했다.

"아니에요. 능력은 둘 다 좋아도 집중하지 못하고 그 능력을 제대로 쓰지 못해서 성과는 성과내로 안 좋고, 평판도 좋지 않아요. '과제가 중요하지만 인간적으로는 이래야 한다.'라고 했다가 '인간적인 면도 중요하지만 과제 수행이 더 중요하니 이래야 한다.'라는 식으로 원칙 없이 흔들려서 계속 팀원을 헷갈리게 해요."

"직접 경험한 거 맞아요? 책에서 본 걸 얘기하는 것 같은데요. 선생님이 직접 경험한 것을 바탕으로 뽑으라고 했는데?"

또다시 3학년 학생이 따지듯이 물었다.

"제가 직접 경험한 건 아니지만 다른 팀원의 사례에서 고른 거예요. 학교에서 조별 과제를 할 때 '나도 다른 조장처럼 강하게 밀고 나가고 싶지만 너희들을 좋아하니까……'라거나 '나도 너희와 잘 지내고 싶지만 선생님이 주신 과제를 하려면……' 식으로 말하면서 최상의 목표보다는 적당한 선에서 결정하는 조장을 선배님은 경험하신 적이 없나요?"

3학년 학생은 대답 대신 끄응 하는 소리를 냈다.

다른 조의 발표가 이어졌다. 2학년의 다른 조에서는 타협가형 리더를 이야기했다.

"타협이라고 하면 좋은 거라고 생각하실 거예요. 하지만 상대방의 의견을 받아들이는 게 아니라, 이것도 저것도 아닌 어중간한 상태에서 조율만 하는 것입니다. 무슨 문제가 생기면 상황을 살펴 해결하는 게 아니라 적당한 수준으로 목표를 수정하고, 또 문제가 생기면 다시 수정합니다. 누가 문제를 지적하면 분담된 업무를 바꾸고, 바꾼 업무를 해야 하는 사람이 또 문제를 제기하면 다시 타협해서 또 다른 사람에게 분담하고, 그런 식으로 계속 타협하지요."

아린은 타협가형 리더 이야기를 귀담아 들었다. 자신의 발표 내용과 연결되는 부분이 있었기 때문이다.

"그러다가 결국에는 일이 엉망진창이 되어서 처음에 생각하지 않았던 결과물을 내게 돼요. 이렇게 일관되지 않은 실행으로 리더도 불만이고 팀원도 불만인 상황을 만든다는 점에서 아까 김아린 조장이 말한 박치 리더와 비슷하게, 아니 더 심하게 문제를 일으키는 리더라고 생각합니다."

2학년의 발표가 다 끝나고 3학년 차례가 되었다. 한 조는 성과를 내기 위해 자기 마음대로 사람을 몰아붙이는 독재자형 리더를 꼽았고, 다른 한 조는 "이번 기수처럼 말 안 듣는 학생들은 난생처음이다."라는 식으로 상황을 과장해서 전달하고 팀원들을 나쁜 사람으로 만들어 함부로 대하는 수련원 조교형 리더를 꼽았다. 둘 다 자신이 먼저 다른 사람에게 다가가려 노력하거나 성과를 높이려 스스로 뛰어들지는 않으면서 말만 앞세운다는 것,

그리고 팀원들과의 인간관계가 좋지 않다는 공통점을 갖고 있었다.

"자, 발표 다들 잘 들었지요? 정말 다양한 이유로 나쁜 리더들이 있지요? 이제 누가 가장 나쁜지를 뽑아야 해요. 모두 일곱 팀이니까 축구 경기처럼 한 팀은 부전승으로 올라가고, 두 팀씩 붙어서 자신의 리더가 상대의 리더보다 더 나쁜 것을 증명해 내면 돼요. 지난 시간에 상황별로 효과적인 리더십이 달라서 어떤 리더십이 언제나 좋은 것은 아니라고 했던 말을 잊지 말아요. 다시 말해 나쁜 리더십도 상황에 따라 달라지니 정말 나빠질 수 있는 상황을 뽑아내는 게 승부의 핵심이 될 거예요."

선생님은 칠판에 '사다리 타기'를 만들어 대진표를 짰다. 김학중 조가 부전승으로 올라갔다. 나머지 조는 다음 주에 맞붙을 토론 상대를 분석하며 필승 전략을 짜느라 머리를 맞대었다.

한 주가 후딱 지나고 토론 배틀 시간이 되었다. 박치 리더를 뽑은 김아린 조는 독재자형 리더를 뽑은 조와 토론을 벌였다. 아린은 오예빈 선생님이 설명한 세종대왕의 예시 등 카리스마 리더십의 좋은 점을 부각하면서 독재자형 리더는 최악의 리더가 아니라는 반론을 폈다. 그 결과 김아린 조가 이겼다.

1학년 중 놀쇠 리더를 뽑은 조장은 타협가형 리더를 뽑은 3학년 조와 맞붙었다. 1학년 조장은 그래도 타협가는 평균 수준으로 성과를 낼 수 있지만 놀쇠는 아무 일도 하지 않고 자리만 차지해서 평균 이하의 성과를 낸다는 점과, 아린이 토론 중에 꼽은 카리스마 리더십의 장점을 더 세세하게 설명하며 놀쇠 리더는 카리스마 자체가 없어 성과가 최악인 점을 부각시켰다.

착하기만 한 리더를 말한 조는 수련원 조교형 리더를 꼽은 조와 대결을 펼쳤다.

"수련원 조교는 그나마 단기간에 효과적으로 성과를 낼 수 있잖아요? 그러니 최악은 아니지요."

"조교를 억지로 따르는 구성원들은 불만이 크잖아요."

"착하기만 한 리더에 대해서도 불만은 있어요. 성과가 없으니 결국 불만을 터뜨리게 돼요. 더구나 착하니 노골적으로 욕을 하지도 못해서 더 답답한 문제가 있어요. 수련원에서 성질 나쁜 조교의 지시를 따를 때는 함께 공동의 적인 조교를 욕하면서 구성원끼리는 친해지는 장점이라도 있잖아요. 하지만 착한 리더를 욕하면 욕한 애가 나쁜 사람으로 찍혀요. 결과적으로 성과도 나쁘고, 구성원들의 정신 건강, 인간관계에도 나쁜 영향을 미치니 착하기만 한 리더가 최악이에요."

결국 착하기만 한 리더가 최악이라고 주장한 조가 이겼다.

한편 타협가형 조를 이기고 올라온 놀쇠 조와 붙은 김아린 조는 더욱 꼼꼼하게 토론에 임했다.

"놀쇠는 말 그대로 일을 하지 않잖아요? 쓸데없이 참견도 하지 않아요. 그래서 능력이 있는 팀원들이 있으면 창의성과 능력을 발휘할 수 있는 상황이라 그나마 성과가 좋을 수 있어요. 하지만 박치는 과제에 창의성이 중요할 때 엄격한 규칙을 강조하고, 인간적으로 문제가 있을 때 과제를 강조하는 등 완전 엇박자라 성과가 좋을 수가 없어요."

"그 말씀은 일단 팀원들까지 능력이 없으면 놀쇠가 최악이라는 것을 인정하는 것 아닌가요? 박치인 리더는 그나마 능력이 있으니 그 능력을 발휘하면 되잖아요."

아린은 놀쇠 조의 공격에 살짝 당황했지만 바로 받아쳤다.

"같은 조건으로 박치인 리더가 있는데 팀원들까지 능력이 없으면 어떻게 될까요? 리더가 자신의 능력을 써야 하는데 인간적인 면에 더 신경 쓰면 팀원들의 능력도 자신의 능력도 제대로 못 써서 똑같이 최악인 상황이 되겠지요."

이번에는 놀쇠 조의 조장이 당황해서 우물쭈물하다가 말했다.

"그러면 둘은 똑같네요."

"아니죠. 놀쇠는 조직 전체가 그냥 놀면서 성과가 안 좋은 거지만, 박치는 자기와 다른 사람들 에너지를 다 다른 방향으로 쓰면서 성과가 안 좋은 거니까 더 최악이에요. 에너지라도 남아 있으면 좋은 리더로 바뀌었을 때 발휘할 수 있는데 말이에요. 뉴스에서 많이 나오는 번아웃 신드롬이라고 들어 보셨지요? 그나마 노는 게 낫나요, 아니면 쓸모없는 일을 열심히 하다가 리더와 조원 모두 지치는 것이 낫나요?"

놀쇠 조의 조장은 입술을 깨물었다. 결국 김아린 조가 이겼다.

그리고 부전승으로 올라온 김학중 조는 착하기만 한 리더를 뽑은 조와 첫 토론을 벌였다. 학중이 먼저 입을 열었다.

"신과 함께형 리더와 착하기만 한 리더는 완전 비슷하지 않나요?"

학중의 말에 착하기만 한 리더를 뽑은 조장은 놀랐다.

"아니에요. 달라요."

"어떤 면에서 다른데요."

"착하기만 한 리더는 능력이 안 되어도 책임감 있게 일을 하지만, 신과 함께형 리더는 그냥 지켜만 보잖아요."

상대편 조장은 그렇게 말해 놓고 아차 싶었다. 학중이 빙긋이 웃으며 말했다.

"맞아요. 착하기만 한 리더는 말 그대로 착해서 실무에 참여해요. 단순 작업에는 도움이 되지 않을까요? 이번 조별 과제만 하더라도, 복사를 하거나 책을 빌려 오거나 하는 일이 필요하잖아요. 착한 리더는 책임감이 있어서 그런 일이라도 열심히 해요. 하지만 신과 함께형 리더는 그저 바라볼 뿐 일을 하지 않아요. 조장님이 이미 인정하신 것처럼 말이에요."

"그래도 착하기만 한 리더는 리더로서 제대로 일을 하지 않아서 문제가 생겨요."

"하지만 조원으로서 일은 할 수 있지요."

시간이 갈수록 상대편 조장의 목소리에 힘이 빠졌다. 반대로 학중은 더 여유 있는 미소를 지으며 토론을 이끌어 갔다. 결국 김학중 조가 이겼다. 대진표에는 모든 조가 지워지고, 김학중 조와 김아린 조만 남았다.

"다음 주에 결승전을 할 거예요. 그때는 선생님이 판정하는 게 아니라 떨어진 조 학생들의 투표로 승부가 결정되니 여러 사람이 공감할 수 있게 열심히 해 주세요."

일주일 동안 아린은 다른 조의 토론 내용을 정리하면서 생각을 더 가다듬었다. 이번 토론 과제를 시작하기 전까지만 해도 과제 지향적인 것은 나쁜 것, 인간관계 지향적인 것은 좋은 것이라고 생각했었다. 그러다가 선생님이 상황에 따라 다를 수 있다고 한 말을 듣고 자료를 찾아서 박치처럼 어긋나게 둘 사이를 왔다 갔다 하는 리더를 최악으로 꼽게 되었다. 아린은 자신이 리더십 동아리 과제를 하면서 훌쩍 성장한 것 같아 흐뭇했다. 그리고 토론 내용을 살펴보면서 사실 신과 함께형이 단점보다는 장점이 더 많아 손쉽게 이길 것 같아 기분이 좋았다. 아린은 선생님이 말한 대로 평가자인 학생들의 공감에 신경 쓰며 상대편을 공격하기 시작했다.

"간섭을 많이 하는 것보다는 누군가 믿음을 갖고 지켜봐 주는 게 좋은 것 아닌가요? 우리가 선생님이나 부모님에게 바라는 것도 바로 그거잖아요?"

"하지만 단기간에 효과를 내기 힘든 단점이 있지요."

학중은 아린의 공격을 여유있게 되받아쳤다.

"단기간이라고 하셨는데, 그게 몇 시간을 뜻하는 건 아니죠? 몇 개월도 비교적 단기간 아닌가요?"

"그렇기는 하지요."

"학생들 중에는 중간고사를 망쳤어도 믿고 봐주시는 선생님 덕분에 몇 개월 후에 기말고사에서 성적을 다시 올리는 경우도 있잖아요."

공감을 못 하는 학생들이 코웃음을 쳤다. 아린은 전략을 바꿨다. 이론적 배경을 들어 공격하기로 한 것이다.

"지난번 저자와의 만남 때 들었던 이야기인데, '긍정적으로 생각하고 믿으면 긍정적인 결과를 얻을 수 있다.'는 피그말리온 효과라는 것이 있어요. 그러면 그렇게 긍정적으로 믿도록 계속 자극을 주는 리더가 좋은 리더가 아닐까요?"

아린이 말한 강연을 듣지 않은 학생들은 무슨 말인지 잘 이해하지 못했다. 아린은 당황했다. 그러자 학중의 반격이 시작되었다.

"박치 리더야말로 시간이 지날수록 더 나아질 가능성이 커요. 마치 박치인 사람도 노래를 체계적으로 반복 연습하면 나아지는 것처럼요. 하지만 신과 함께형은 그냥 놔두는 것이 최고라는 생각을 해서 변화를 바라지도 않고 변하려 하지 않으니 최악이에요. 일단 믿음이 강한 사람은 절대 변하지 않는 것처럼 말이에요."

학생들이 공감의 웃음을 지었다.

"박치도 나아질 수 있다고 하셨는데 그게 그렇게 쉬운 게 아니에요."

"쉽지는 않지만, 신과 함께형처럼 완전히 가능성이 없는 것은 아니지요."

아린은 한 방 얻어맞은 것 같았다.

"박치는 박자를 맞출 능력이 없는 사람이라는 뜻이니, 말씀하신 리더는 노래로 따지면 실력이 완전 없는 것이 아니지요. 고음도 낼 수 있고 음색도 좋아요. 그러니 조금만 연습하면 나름 멋스럽게 노래하게 될 것입니다. 즉, 과제에 대한 능력도 있고 인간에 대한 관심도 있으니 시행착오를 통해 교훈을 얻어 그 능력을 잘 펼치면 돼요."

학중은 쉬지 않고 랩 배틀을 하는 것처럼 밀어붙였다.

"저처럼 공부할 머리가 애초에 없는 사람이 억지로 공부하는 것과, 회장님 아니 조장님처럼 머리가 너무 좋은데 잠깐 다른 것에 빠졌다가 이건 아니다 싶어 정신차려서 공부하는 것은 결과에서 차이가 클 수밖에 없어요."

김학중 조에서 "이기기 위해 자폭하다니 자랑스럽다."라는 응원이 터져 나왔다. 치열한 토론이 계속되었고, 공감을 더 많이 얻은 김학중 조가 결국 이겼다. 아린은 속상했다. 이길 거라고 자신했는데 어이없이 진 것과 해외 연수의 기회가 날아가 버린 것 같아 조원들에게 면목이 없었다. 최악의 리더가 바로 자기 자신이라는 생각에 머리가 터질 듯했다.

찬은 아린에게 다가가서 수고했다고 말했다. 하지만 아린은 찬이 힘들 때 자신이 돕는 상황은 상상했지만 그 반대는 생각해 본 적이 없어 더 화가 났다. 리더는 열린 마음으로 다른 사람의 조언과 도움도 받을 줄 알아야 한다는 선생님의 말도 잊어버린 채 아린은 서둘러 동아리 교실을 빠져나왔다. 쥐구멍이라도 있으면 숨고 싶은 심정으로.

최악의 리더에서 벗어나기

앞에서 최악의 리더 유형들이 학생들의 관점으로 표현되었다. 실제 리더십 전문가들의 연구를 바탕으로 용어를 바꾸어 소개한 것이다.

최악의 리더 유형에 나온 것처럼 너무 인간적이어도 문제이고, 너무 과제 중심적이어도 문제이다. 그리고 각각의 상황에서 그 리더십이 가진 문제가 더 커지기도 한다. 아린이 지적한 박치 리더도 상황을 제대로 읽지 못하고 문제를 일으키는 유형에 해당한다.

리더십 전문가인 피들러 허시와 켄 블랜차드는 상황별로 효과가 있는 지도자의 업무 처리 유형을 다음과 같이 네 가지로 나눈다. 이 네 가지가 완전히 독립적인 리더십이 아니라 서로 겹치는 부분이 있지만, 세부 상황에서 미세하게 달라지는 것에 주의하며 살펴보자.

첫째, 지시형이다. 이 유형은 구성원의 동기와 능력이 낮을 때 효과적이다. 리더가 구성원의 역할을 결정하고 무슨 과업을 언제, 어디서, 어떻게 수행해야 하는가를 지시함으로써 일방적 의사소통이 이루어지는 게 특징이다. 갓 입사한 팀원에게 팀장은 일단 경험을 쌓으라며 지시를 하는 경우가 많다. 지시의 효과를 알기 때문이다.

웹툰 <미생>에서 신입 사원들이 자신의 뜻과 상관없이 배치되어 간 구매 팀 등을 보면 이런 팀장의 모습을 확인할 수 있다. 대부분의 회사에서 쉽게 볼 수 있는 유형이다. 조별 과제에서 동기와 능력이 모두 낮다면 일단 해야 할 과제를 잘게 나눠 조장이 지시할 때 더 효과가 있는 것도 대표적 사례이다. 학교에서 어떤 행사를 나눠서 준비할 때 여러분이 경험한 것이 있다면 그것을 떠올려도 된다.

둘째, 설득형이다. 이 유형은 구성원이 적절한 동기를 갖고 있는데 비해 능력이 낮은 경우에 효과적이다. 리더는 구성원들에게 대부분 지시를 하기는 한다. 하지만 쌍방적 의사소통을 통해서 구성원들의 의견을 의사 결정에 반영하여 구성원들의 심리적 면까지도 고려한다. 그 설득 과정을 통해 구성원들의 참여를 촉진하기에 효과를 거두게 된다. 새로운 분야에 도전하는 벤처 기업에서 신입 사원과도 상호 작용하며 아이디어를 받아들여 부족한 부분을 메꿔 가며 성공할 수 있는 것도 이 효과 덕분이다. 조별 과제에서 서로 모여 회의를 하는 것도 심리적인 면을 보듬는 설득의 효과를 보기 위해서이다.

셋째, 참여형이다. 이 유형은 구성원이 적절한 능력을 갖고 있는데 비해 동기가 낮은 경우에 효과적이다. 리더와 구성원들 간의 쌍방적 의사소통을 통해 의견을 교환하는 것은 설득형과 비슷하다. 하지만 구성원들이 이미 과제 수행 능력과 지식을 갖고 있기 때문에, 결과물을 얻었을 때의 개인적 이익과 조직적 이익을 보여 준다면 별로 하고 싶어 하지 않던 것에 대해서도 동기가 생길 수 있다. 주로 신입 사원보다는 팀장이나 경력이 있는 상태에서 들어온 직원에게 유용하다. 학교에서도 중요한 결정을 내릴 때 교장 선생님 혼자서 하지 않고, 별로 적극적이지 않은 선생님까지 포함해 전체 회의를 하는 것도 참여의 효과를 기대하기 때문이다.

넷째, 위임형이다. 이 유형은 구성원이 높은 능력과 동기를 갖고 있는 경우에 효과적이다. 할 수 있는 능력도 있고, 하고자 하는 마음까지 구성원에게 있으니 리더가 성가시게 중간중간 끼어든다면 오히려 방해가 될 수 있다. 그래서 리더는 권한을 해당 구성원에게 위임하고 전반적인 관리를 담당한다. 즉, 구성원들이 자신의 일에서 리더가 될 수 있도록 한다. 세계 여러 나라의 건전한 민주 정부에서 대통령이 모든 것을 결정하지 않고 총리와 장관에게 권한을 위임해 각자 분야에서 책임을 지고 리더십을 발휘할 수 있도록 하는 것이 대표적인 사례이다.

이렇듯 구성원의 능력과 동기에 따라 효과적인 리더십은 달라진다. 자신의 특정 리더십을 계속 고집하다 보면 효과를 얻지 못할 가능성이 크다. 조별 과제를 해도 어떤 때는 최고의 리더처럼 효과가 있었는데, 어떤 때는 최악의 리더처럼 결과가 좋지 않았다면 자신이 이 네 가지 분류에 맞게 행동을 했는지 확인할 필요가 있다.

6 리더십 이전에 팔로어십?

일주일이 흐른 뒤 다시 돌아온 동아리 활동 시간. 오예빈 선생님은 새로운 조별 과제를 설명했다.

　"이번에는 처음 만난 사람끼리 얼음처럼 차갑고 서먹서먹한 분위기를 깨고 친해지도록 만드는 아이스 브레이킹 과제를 함께 해 볼 거예요. 이 과제는 해외 연수를 갔을 때 외국 친구들과 함께 할 용도로 만드는 거예요. 그리고 내년 동아리 활동 때도 쓸 것이니까 후배들을 위해서라도 열심히 만들어 주기를 바랍니다. 기존에 있는 것과 똑같이 하면 안 되고 여러분의 창의성을 발휘해서 새로운 것을 만들어 주세요. 이번에도 좋은 평가를 받는 조에게는 점수를 줄 것입니다."

　선생님은 팀원을 바꾸어도 좋다고 했다. 그리고 리더십을 발달시킬 기회가 여러 사람에게 가도록 조장을 꼭 바꾸라고 말했다. 아린은 조장을 하고 싶지 않았는데 잘되었다고 생각했다. 아린은 같은 조에 있는 창엽을 추천했다. 그런데 창엽이 자기도 조장을 하고 싶지 않고 지난번 1등을 한 김학중 조장이 있는 조로 가겠다고 했다. 하지만 그 조의 팀원들은 조를 바꾸고 싶어 하지 않았다. 결국 김아린 조 전체가 조원이 세 명인 2학년 다른 조와 합쳐서 모든 학년의 조원이 여섯 명으로 맞춰졌다.

조원들이 각자 수련원에 갔을 때 경험한 것과 다른 행사에 참여했을 때 했던 아이스 브레이킹 과제들을 이야기하느라 교실이 시끌벅적했다. 하지만 아린은 입을 굳게 다물고 있었다. 오히려 찬은 예전보다 더 활발하게 의견을 냈다. 오예빈 선생님은 찬의 변화에 흐뭇해하면서도 아린의 모습을 눈여겨보았다. 그리고 수업이 끝난 다음에 아린을 교무실로 불렀다.

"아린이 무슨 일 있니? 선생님이 힘든 일이 있으면 이야기하라고 했던 것 기억나지?"

선생님이 부드럽게 물어보았지만 아린은 여전히 입을 다물고 있었다.

"지난번 과제에서 2등을 해서 힘이 빠졌니? 아직 과제는 많이 남았어."

그제서야 아린은 입을 열었다.

"선생님, 저 너무 속상해요."

"다시 잘하면 되잖아."

"그게 아니라 제가 생각했던 것만큼 저는 능력이 있는 것 같지 않아요. 제가 가짜라는 생각이 들어서, 그리고 아이들이 그것을 다 알고 나를 무시하는 것 같아 괴로워요."

"왜 그런 생각을 했니?"

아린은 뜸을 들이다가 다시 말했다.

"아이들이 예전처럼 저를 따르지 않아요. 정확히 말하면 예전처럼 애들 앞에서 자신 있게 행동하기가 힘들어요. 나 자신은 많이 변했다고 생각했는데 경쟁에서 이기지도 못하고 혼란스러워서 오히려 더 나빠지는 것 같아요."

"그래? 지난번 과제를 하면서 나쁜 리더의 모습을 많이 고민했지?"

"네."

"그러면 너 자신과 그 모습을 비교해 보았니?"

"네."

"그러면 너는 박치니?"

"솔직히 그런 면이 있어요."

"좋아. 그렇다면 다른 조에서 말한 나쁜 리더의 모습도 너에게 있니?"

"그건 아니에요."

"그러면 나쁜 리더인 면보다 아직 그렇지 않은 면이 더 많은 거네?"

아린은 한숨을 짓고 나서 말했다.

"그래도 저는 나아지지 않은걸요?"

"고작 과제 하나 해 보고 판단하는 거야? 너 문제집을 놓고 공부할 때 문제 하나 풀고 결과를 평가하니? 기본 문제 풀고, 실전 문제 풀고, 응용 문제 풀고 그러지 않아?"

"하지만 저는 기본 문제부터 틀린걸요?"

"정말? 그러면 네가 왜 틀렸는지는 알고 있어?"

"네. 상대를 너무 깔보고 방심했어요. 제가 너무 능력 있다고 생각해서 자만했어요. 그런 제 자신이 싫어요."

"그랬어? 선생님은 다른 이유도 있을 거라고 생각하는데?"

"네?"

아린은 놀란 눈으로 오예빈 선생님을 쳐다봤다.

"조별 과제를 하면 네가 먼저 나서서 조장을 했던 적이 많지?"

"네, 맞아요."

"중학교 들어와서 조원이 되어 과제를 한 적 있어?"

"아니요."

"역시, 그랬구나."

선생님은 혀를 쯧쯧 찼다.

"아린아, 너는 자만심이 넘치거나 가짜이거나 나쁜 리더인 게 아니야. 리더십을 올바르게 훈련하지 않은 것뿐이야."

"네?"

"너라면 어떤 아이가 자전거 경주에 나갔는데 제대로 자전거 타기를 배우지 않고 나가서 졌을 때 그 아이를 가짜이거나 나쁘다고 말할까, 아니면 자전거 타기부터 제대로 배워야 한다고 조언을 할까?"

"제대로 배우라고 하겠지요."

"리더도 리더십을 제대로 배우고 나서 실행해야 좋은 결과를 얻을 수 있어."

"하지만 저를 이긴 김학중도 그다지 잘 배운 것 같지는 않은데요?"

"그래? 그럴 수도 있어. 운이 좋아 이겼을 수도 있지. 하지만 학중이는 네가 갖고 있지 않은 것을 적극 활용해서 이긴 면이 더 많아."

"그게 뭔데요?"

"너희 조는 세 명, 그 조는 여섯 명이었어."

"하지만 이론 공부도 저희가 더 했고, 논리도 더 많이 준비했어요."

"그런데 그건 네가 더 나서서 한 것이지. 그 조는 너희 조보다 더 많은 팀원들이 공감할 수 있는 사례를 가지고 발표했어. 그리고 공감을 바탕으로 평가를 받았지."

"아, 그럼 평가 방법 때문에 제가 진 것뿐이군요."

아린은 자기 탓이 아니었다는 생각에 표정이 조금 밝아졌다.

"아니, 그게 아니야. 김학중 조장은 스스로가 카리스마 넘친다고 여겨서 거친 말과 행동으로 먼저 치고 나갈 수 있는 학생인데 그런 조장의 중심을 잡아 주는 남궁찬 같은 조원들이 너희 조보다 더 많이 있어서 그런 거야."

아린은 결국 그것도 조장의 책임은 아니고 팀원 탓이라는 말처럼 들려 마음이 편해졌다. 선생님은 아린을 찬찬히 살피며 말했다.

"아린아, 좋은 리더십은 좋은 팔로어십에서 나온단다."

"팔로어십이오?"

선생님은 지난 동계 올림픽에서 화제가 되었던 봅슬레이를 예로 들어 설명했다. 아무리 드라이버가 훌륭해도 뒤에 타는 팀원들과 호흡이 맞지 않으면 실패를 하게 되는 과정을 리더십과 비교하며 자세히 설명했다.

"너는 혼자서 조종을 하려고 했어. 그렇게 조종할 때의 팀원들이 가져야 하는 마음가짐과 행동을 알려면 너 자신이 팀원으로서 경험한 것이 있어야 해. 그런데 아까 말했듯이 너는 그런 경험이 별로 없어서 네가 원한 결과를 얻지 못한 거야."

평가 방법과 팀원 탓이라고 생각했던 아린은 뜻밖의 말에 마음이 더 아팠다. 선생님은 책꽂이에 꽂힌 책을 빼서 보여 주며 말했다.

"이 책을 보면 팔로어십이 무엇인지 잘 소개되어 있어. 사람들은 대학을 중퇴한 빌 게이츠가 혼자서 마이크로소프트라는 최고의 기업을 만든 줄 알아. 하지만 그 사람 옆에는 스티브 발머라는 좋은 팀원이 있었어. 지금 미국의 트럼프 대통령과 여러모로 비슷했던 트루먼 대통령도 조지 마셜이라는 사람이 옆에서 도운 덕분에 존경받는 정치가가 될 수 있었어."

처음 들어 보는 이름에 아린은 고개를 갸웃했다.

"2차 세계대전에서 크게 활약한 조지 마셜은 군인 출신으로는 처음으로 노벨 평화상을 받았을 정도로 대단한 사람이었지만, 자기 자신이 리더로 나서기보다는 좋은 참모 역할을 했어. 너에게도 이런 사람이 있어서 도와주면 좋겠지?"

"네."

"그러면 먼저 그런 사람을 볼 수 있는 눈을 길러야 해."

"어떻게요?"

"네가 직접 팀원의 입장이 되어서 그런 사람처럼 행동하려 하다 보면 더 잘 알게 될 거야."

"네?"

"합창단에 들어가서 처음부터 지휘하는 사람과 합창단 단원이 되어서 혼자 튀지 않고 화음을 잘 넣는 것을 연습한 사람이 있다고 상상해 봐. 두 사람 중에 누가 나중에 화음을 잘 넣는 합창단 단원을 더 잘 알아보게 될까?"

"나중 사람요."

아린은 고개를 끄덕이며 말했다.

"아까 수업 시간에 보니 너는 조장이 아니라고 해서 입을 다물고 있더구나. 그런 사람이 좋은 팔로어가 될 수 있을까?"

아린은 고개를 가로저었다.

"현재 조직의 최고 위치에 있어 리더라고 주장하는 사람 중에는 팔로어십을 갖지 못한 사람도 있어. 아버지가 그룹 회장이라서 회사에 들어와 초고속으로 임원까지 승진한 사람이 팔로어십을 쌓을 시간이 있었을까?"

"아니요."

"맞아. 그렇게 쉽게 최고 위치로 간 사람들을 부러워하는 경우는 있지만, 그들을 진정한 리더로서 인정하는 사람들은 많지 않아. 그들은 좋은 리더가 되기 위한 조건인 팔로어십을 갖지 못하고 자기가 가진 특권만을 발휘했기 때문이지. 부러움과 존경은 달라. 리더십을 다룬 대부분의 책에서 국내 그룹 후계자가 아니라 밑바닥에서부터 시작해 전문 경영인의 자리까지 오른 외국 리더의 사례를 다루는 것도 팔로어십에서부터 큰 차이가 나기 때문이기도 해."

선생님은 아린에게 추천한 책을 잠깐 펼쳐서 보여 줬다.

"최고의 자리에 있다고 무조건 리더가 되는 게 아니야. 조장, 반장, 교장, 사장, 회장, 대통령 자리 그 자체가 아니라 리더다운 행동을 해야 리더이지. 그 리더다운 행동은 팔로어답게 시행착오를 겪으며 최고의 자리에 올랐을 때 더 잘할 수 있어. 그리고 진정한 리더로 더 널리 인정받을 수 있지."

아린은 고개를 끄덕였다.

"네가 리더십을 키우고 싶다면 역할 모델로 삼아야 할 사람이 누구일지 진지하게 생각해 봐야 해. 출발점부터 완전 다른 재벌가나 정치 권력가의 후손인지, 아니면 너와 비슷한 상황에서 출발해서 자수성가한 리더인지를 말이야."

"저는 재벌이 아니니 당연히 자수성가 리더가 모델이지요."

"좋아. 그런데 너는 바로 자수성가 리더가 될 수는 없잖아. 누군가 리더인 곳의 팀원으로부터 시작하겠지. 그 리더가 네가 마음에 들지 않는 리더일 수도 있어. 하지만 팀원으로서 그런 상황에서도 발휘되는 리더의 요소가 무엇인지를 찾아야 네가 리더가 되었을 때 너를 마음에 들어 하지 않는 팀원을 움직일 수 있게 돼."

아린은 고개를 끄덕였다.

"이제 좋은 리더는 좋은 팔로어를 알아볼 줄 아는 사람이라는 거 알겠지?"

"네."

"맞아. 인품이 좋은 대통령인데 사람을 가려 뽑지 못해서 그 아래에 부정부패를 일삼는 관리들만 있다면 좋은 정치를 할 수가 없고, 그런 대통령을 좋은 대통령이라고 할 수는 없어. 그렇다면 좋은 팔로어는 좋은 리더를 알아보는 사람일까?"

"네."

"맞아. 나쁜 리더를 뽑은 자신은 책임이 없는 것처럼 하면 안 되겠지. 그래서 최악의 리더 뽑기도 지난 조별 과제로 하게 한 거야. 자, 그렇다면 좋은 팔로어란 리더의 좋은 면을 찾아 자신의 역할을 그에 맞추고 나쁜 면이 있으면 비판할 줄 아는 사람일까, 아니면 좋은 리더를 기다리기만 하는 사람일까?"

아린은 선생님이 말하는 의도를 알아차렸다.

"팔로어가 됐다고 해서 무조건 조장의 말을 들으라는 것은 아니야. 과제를 하는 사람들의 의견이 항상 일치한다면 굳이 팀원이 여러 명일 필요는 없겠지? 다양할수록 좋은 거야. 세상에는 어렵고 복잡한 문제가 많아서 어떤 한 사람의 능력으로는 해결할 수 없단다. 집단 지성으로 해결하는 것이 더 효과적일 때가 많아. 그래서 리더 한 명의 리더십이 아니라 팔로어십이 더욱더 중요해지고 있어. 리더십도 팔로어십을 더 키우는 방향으로 움직이고 있단다. 그러니 너도 진정한 리더가 되고 싶다면 부디 이 과제에서 팔로어십을 제대로 배우기 바란다."

선생님이 왜 이번 과제에서 조장을 꼭 바꾸라고 했는지를 아린은 이해했다. 리더였던 사람은 팔로어십을, 팔로어였던 사람은 리더십을 더 익히라는 뜻이었다.

집에 돌아온 아린은 선생님이 빌려준 책을 읽었다.

어떤 리더도 처음부터 하늘에서 리더로 뚝 떨어지지 않았다. 예전의 왕조차도 여러 왕자와의 경쟁을 거치거나, 왕자에서 왕이 되기까지 긴 시간 준비를 해야 했다. 족벌 경영을 하는 그룹을 제외하고 현대의 선진국 리더들도 어느 조직에 들어가서 구성원에서부터 시작했다. 전교 회장이나 학급 반장도 처음에는 그저 어느 학년과 어느 학급의 학생일 뿐이었다. 리더는 리더십을 발휘하기 전에 구성원으로서의 팔로어십부터 기본적으로 갖고 있었던 셈이다. 어떤 리더는 리더의 위치에 올라 리더십만을 발휘하려고 하고, 어떤 리더는 자신이 구성원이었을 때의 경험을 꼼꼼히 따지며 리더십을 발휘하려고 한다고 가정하자. 이 두 경우 중 어떤 리더가 더 성공적인 리더가 될 수 있을까?

아린은 한 구절 한 구절이 마치 자신을 향해 하는 말처럼 느껴졌다.

예전에는 리더를 지도자로 번역하고, 조직 구성원을 그 지도자를 따르는 부하로 번역했다. 하지만 실제 리더십이 발휘되는 상황을 보면 일방적인 상하 관계라기보다는 수평적 파트너 관계에 더 가깝다는 것을 쉽게 확인할 수 있다. 대통령도 자기가 최고 권력의 위치에 있다고 해서 마음대로 정치를 하면 파트너인 국민이 가만히 있지 않고 탄핵하는 것이 현실이다.

아린은 책에서 조직의 성공에 리더가 기여하는 바는 10~20퍼센트일 뿐이고, 나머지 80~90퍼센트가 팔로어십으로 결정된다는 말을 읽고 깜짝 놀랐다. 여태까지 자신은 그 반대일 것이라 생각했었다. 선생님의 말대로 지난번 조별 과제 실패는 이런 잘못된 생각에서 나온 것임을 절실하게 느꼈다.

좋은 리더는 팔로어일 때 실수를 하지 않은 사람이 아니다. 실수를 통해서 교훈을 얻어 리더가 되었을 때 팔로어들에게 더 좋은 것을 줄 수 있는 사람이다. 그래서 구글이나 3M 같은 회사는 직원을 뽑을 때에도 과거에 어떤 실수를 했고, 그것으로 얻은 교훈은 무엇인지를 물어본다. 그런 경험을 가진 사람이 조직에서 같은 실수를 반복하지 않아 손해를 줄이는 좋은 팔로어가 되고 나중에는 조직을 지휘할 리더가 될 가능성이 크기 때문이다.

아린은 자신이 실수한 것이 영원한 실패가 아니라 성공의 발판이 될 수 있다는 생각에 기뻤다. 책에는 여러 가지 팔로어 유형도 나와 있었다. 아린은 책을 읽으면서 자신이 어떤 유형인지 생각했을 뿐만 아니라 각각의 유형에 맞는 친구들을 떠올렸다. 그중에는 남궁찬도 있었다.

물론 아린은 몰랐다. 이미 선생님은 찬이 다시 회장을 하겠다고 했을 때 조용히 불러서 아린에게 권한 책을 똑같이 추천했다는 것을. 그 책을 읽은 찬이 자신이 단지 얌전한 팀원이 아니라 다른 학생을 참 피곤하게 하는 팀원이라는 사실을 깨달았고, 더 이상 그런 사람이 되지는 않겠다고 결심했다는 것을. 그리고 스스로 변하기 시작해서 동아리 활동 시간에도 의견을 활발하게 내고 있다는 것도.

이런 팔로어 꼭 있다

앞에서 아린이 읽은 책에 나온 팔로어 유형은 다음과 같다. 여러분과 친구들은 과연 어떤 유형인지 꼭 확인하면서 읽어 보자.

첫째, 수동형이다. 이 유형은 리더에게 의존하면서도 실제로 적극적인 행동을 하지 않는다. 주어진 일 이상의 것을 잘 하려 하지 않는다. 리더가 알아서 더 나은 성과를 가져다주기를 기다린다. 이런 구성원이 많은 조직의 리더는 리더십을 펼쳐도 구성원이 그 목표를 제대로 실행하지 않아서 성공 가능성이 아주 낮다. 리더가 구성원에게 믿음을 주는 것은 좋은 일이지만, 구성원이 리더를 너무 믿어 손 놓고 있다면 리더는 고립되게 된다.

좋은 리더라고 생각해서 대통령으로 뽑았는데 변화된 정책에 맞게 자기 자신을 바꾸지 않는다면? 그리고 "새로운 세상이 왜 빨리 안 오지."라고 하는 국민이 많다면? 결국 사회적으로 불평불만이 많아지고, 리더는 실패하게 된다. 일반적 조직에서 이런 구성원은 전체 구성원 중 5~10퍼센트를 차지하는 것으로 알려져 있다.

둘째, 순응형이다. 뭐든지 좋다고 하고 리더가 실수해도 지지해서 일명 예스맨이 될 위험도 있지만, 그만큼 리더를 믿고 적극적으로 행동한다는 장점도 있다. 리더의 친위대를 자처하며 어려운 문제를 해결하는 데 앞장서고, 조직을 만들고 능력을 키워 리더의 부담을 덜어 주기도 한다. 특정 정치인의 이름을 따서 만든 모임에 속한 구성원들이 대표적 예이다. 일반적 조직에서는 수동형보다 그 숫자가 많아 전체 구성원 중 20~30퍼센트를 차지하는 것으로 알려져 있으며, 리더가 조직에서 자신의 위치를 유지하는 바탕이 된다. 사회는 리더에 대한 비판보다 일단 리더를 인정하는 것이 미덕이라고 교육하기 때문에 기본적으로 이 유형이 많다.

셋째, 고립형이다. 리더에 대한 믿음이 없어서 비판적 의견을 잘 내놓지만, 그 비판에 맞는 행동을 하는 것은 아니다. 리더가 좋은 취지로 이야기를 해도 무조건 반대하거나 불평불만을 늘어놓는 경우가 많다. 어떤 상황에서도 행동하지 않고 팔짱을 끼고 리더를 바라본다. 마치 비판으로 리더를 고립시키기라도 할 기세로 늘 냉소적 태도를 취하는 것이 특징이다. 일반적 조직에서는 전체 구성원 중 5~10퍼센트를 차지하는 것으로 알려져 있다. 상대적으로 소수이지만, 사람들은 긍정적인 의견보다 부정적인 의견에 더 큰 영향을 받으므로 주변 구성원에 대한 영향력이 있어서 리더가 주의해야 한다.

넷째, 절충형이다. 위에서 제시한 수동형, 순응형, 고립형의 요소를 조금씩 두루두루 갖고 있다. 그리고 스스로 어떤 행동을 하지 않는다는 특징도 있다. 이 유형은 적극적으로 반대나 찬성을 하는 것이 아니라 잘 드러나지는 않지만, 리더를 은밀하게 방해하므로 리더십을 펼치기가 쉽지 않다. 전체 구성원 중 45~55퍼센트를 차지할 정도로 대부분의 구성원이 이 유형에 해당한다. 리더가 문제 해결을 위해 일반적인 정책을 펼 경우 바로 이 유형의 사람을 우선적 대상으로 해야 한다.

다섯째, 모범형이다. 이 유형의 가장 큰 특징은 독립성이다. 리더의 말을 무조건 따르지는 않는다. 그렇다고 무조건 반대하지도 않는다. 자신의 독립적인 판단으로 리더를 비판하기도 하고, 리더가 말한 비전에 맞는 행동을 적극적으로 하기도 한다. 리더에 대한 비판을 바탕으로 조직에 건설적인 공헌을 한다는 측면에서 가장 좋은 팔로어십이다. 하지만 모범형 팔로어십을 갖고 있더라도 조직으로부터 부당한 대우를 받거나 리더와의 갈등이 있다면 고립형으로 돌변할 가능성이 있기에 리더의 각별한 관심이 필요하다. 전체 구성원 중 5~10퍼센트를 차지하는 것으로 알려져 있다. 고립형과 그 숫자가 비슷하지만, 리더는 모범형 팔로어십을 가진 인원을 더 늘리기 위해 노력해야 조직의 발전을 이룰 수 있다.

리더가 제대로 리더십을 발휘하려면 위에서 말한 팔로어십 유형에 따른 대응 대책이 필요하다.

첫째, 수동형 팔로어십을 가진 구성원에게 조직의 의미를 계속 상기시킬 수 있는 기회를 만든다. 개별적으로 일을 하는 것이 아니라 공동의 목표를 위해 함께 일을 하는 것이 조직이고, 리더가 그 조직의 변화를 촉진하는 사람임을 인내심을 갖고 계속 강조해야 한다.

구성원이 수동형이 된 이유 중에는 원래 성격이 수동적인 경우도 있지만, 리더가 너무 독단적으로 결정하거나 통제를 많이 하려고 해서 "그래, 군말 없이 그냥 시키는 일이나 해야지."라는 생각을 하게 된 경우도 있다. 학교에서도 뭔가를 결정하는 데 선생님이나 학급 회장이 "어떤 것을 하든지 답은 정해져 있어."라는 메시지를 준다면 수동적인 학생이 늘어나는 것과 같은 이치이다. 이 문제를 해결하려면 리더는 열린 마음을 갖고 이런 사람을 조직의 의사 결정에 참여시키려 노력해야 한다.

둘째, 순응형 팔로어십을 가진 사람에게 리더는 비판할 수 있는 기회를 일부러 더 줘야 한다. 그리고 비판적 의견이 나왔을 때 자신을 방어하려 하기보다는 '소중한 의견'으로 받아들이고 진심으로 고마워해야 한다. 그러면 그 구성원은 자신이 좋아하는 리더를 위해서 비판적 사고를 더 하게 되어 결국 독립적으로 조직의 목표를 위해 일하는 모범형 팔로어십을 갖게 될 것이다.

셋째, 고립형 구성원과는 대화의 시간을 가져야 한다. 물론 그렇게 한다고 해서 리더에 대한 불만과 오해가 쉽게 풀어지지는 않는다. 하지만 그런 리더의 모습을 보면서 다른 구성원들은 고립형 구성원이 내놓는 의견에 영향을 덜 받게 된다. 실제로 고립형 구성원을 리더가 순응형으로 만드는 것은 거의 불가능하다. 정치를 봐도 자신이 적극 지지하던 리더를 버리고 반대편을 지지하는 사람이 거의 없는 것처럼. 그러니 현실적으로 목표를 잡자. 리더로서 고립되지 않고, 또 그 구성원들을 자기가 나서서 고립시키지는 않는다는 메시지를 조직 전체에 주기만 해도 성공이다.

넷째, 절충형 구성원에게는 리더와 함께할 경우에 좋은 것을 더 많이 얻을 수 있다는 성공 경험을 안겨 주는 것이 필요하다. 리더가 멋진 이야기를 해도 막상 자신에게 주어지는 것이 없다면 불만이 커져서 고립형으로 돌변할 수 있다. 리더는 구성원들이 의심할 만한 내용에 대해서는 정보를 공개하고, 사과를 해야 하는 사항에 대해서는 용서를 구하는 식으로 신뢰를 쌓아야 한다. 신뢰를 바탕으로 함께 일을 하게 하고, 그 결과 목표를 달성했을 때 보상도 확실히 하면 배신에 대한 불안감이 줄어들어 순응형과 모범형으로 변화할 가능성이 크다.

다섯째, 모범형 구성원에게는 독립적으로 자신의 재능을 발휘할 수 있는 기회를 많이 제공해야 한다. 최근 기업에서 사내 벤처 형식으로 직원에게 아이디어를 공모하는 것이 모범형 팔로어를 늘리기 위한 전략이다. 실제로 자동차 회사에서 자동차를 생산하는 데보다 완전히 분야가 다른 온라인 콘텐츠 사업을 기획했을 때 투자를 하려고 하는 것도 이런 노력 중 하나이다. 전체 직원이 자동차가 아닌 온라인 콘텐츠를 만들면 자동차 회사가 망할 수도 있겠지만, 소수 모범형 직원들을 지원하면 리더가 진정으로 기업의 변화를 추구한다는 메시지를 가장 효과적으로 줄 수 있게 된다. 또 조직 전체에 활기를 부여하는 부가적 효과도 얻을 수 있다.

7 윤리가 왜 필요해?

배가 침몰할 때 제일 먼저 탈출한 선장

구조능력도 없으면서 도움조차 거절한 해경

자원봉사 잠수사들

잠수는 언제 합니까?

가만히 있으세요.

해경

무능하고 공감능력은 1도 없는 대통령

구명조끼를 학생들은 입었다고 하는데

그렇게 발견하기가 힘듭니까? 지금요?

세월호보다 침몰하는 대통령을 구조하는데 더 적극적이었던 사람들…

유가족들 감시하고

과도한 보상금을 요구했다는 유언비어도 돌리죠.

…

5월 초 중간고사 이후 발표하기로 한 아이스 브레이킹 만들기 과제에 학생들은 모두 재미있게 참여했다. 하나의 게임을 새로 만든다는 생각으로 저마다 아이디어를 냈다. 몇 주 동안 조별 활동이 이어졌다.

　드디어 발표일이 되었다. 학생들은 기대에 가득 차 있었다. 하지만 오예빈 선생님의 표정은 어두웠다.

　"여러분에게 좋지 않은 소식을 전하게 되었어요."

　선생님의 이야기는 충격적이었다. 작년에 진행한 학교 사업에 대한 교육청 감사에서 정태종 교장이 공사비를 부풀려 횡령한 사실이 밝혀졌고, 여러 번 소명을 했지만 결국 혐의가 확정되었다는 것이다.

　'공사를 그렇게 많이 한 이유가 있었군.'

　찬은 엄마가 의욕적이라고 평가했던 일들의 검은 속내를 알게 되면 충격을 받을 것이라 생각했다. 하지만 정작 큰 충격을 받은 사람은 찬이 자신이었다.

"다른 횡령 사실을 확인하기 위해 그동안 진행하던 사업과 교육청 지원 예정 사업 모두 전면 재검토하기로 했습니다. 그러니까 우리 해외 연수도 일단 진행 중지로 결정이 났습니다."

찬이 해외 연수에 꼭 가고 싶었던 것은 아니었다. 하지만 동아리 활동을 하면서 혹시나 가면 참 좋겠다는 생각을 하게 되었는데 이런 일이 생기니 화가 났다. 고개를 돌려 보니 아린뿐만 아니라 다른 학생들도 큰 충격을 받은 것 같았다.

"잘못은 교장 선생님이 했는데 피해는 왜 우리가 봐야 해요?"

선생님은 미안하다고 말하면서 언젠가 상황이 수습되었을 때 토론을 통해서 이 문제를 더 잘 이해하게 될 날이 있을 것이라고 했다. 하지만 학생들은 토론이나 이해를 하고 싶은 건 아니었다. 원래 정해졌던 대로 일이 진행되는 걸 바랄 뿐이었다. 그것은 학부모들의 심정도 마찬가지였다.

"걸릴 때 걸리더라도 애들 연수나 갔다 와서 걸릴 일이지."

이렇게 안타까워만 하는 학부모도 있었지만 적극적으로 나서서 해결하려는 학부모가 더 많았다.

"작년 사업에 잘못이 있었다고 올해 사업까지 중단시키는 것은 말도 안 돼. 내가 교육청에 민원을 넣을 거야."

리더십 동아리뿐만 아니라, 교장이 자랑스럽게 공지문에 선심 쓰듯 밝혔던 사업과 관련해서 학부모들이 집단적으로 나섰다. 교감이 권한 대행으로 사태를 수습하려 했지만 걷잡을 수 없었다. 그런 교장과 함께 일했던 교감도 못 믿겠다면서 민원을 넣는 학부모도 있었다. 외부에서 조사를 하러 오고, 민원이 빗발쳐서 학교 안팎으로 시끄러웠다. 작년부터 공사장이 된 학교보다 더 어수선한 모습이었다. 그런 상황에서 내부자가 교육청에 고발을 하면서 정밀 감사가 시작되었다는 소문이 들려왔다.

"고발을 하지 말고 사전에 잘 막았어야지."

어느덧 고발한 사람이 누구인지를 밝히는 게 최대의 관심사가 되었다. 상황이 이렇게 되자 학생들도 내부 고발자가 누구인지 궁금해했다. 결국 리더십 동아리 활동 시간에도 한 학생이 대놓고 질문했다.

"혹시 선생님이 고발하신 것 아니에요?"

선생님은 긍정도 부정도 하지 않고서 이렇게 되물었다.

"내부 고발자가 잘못한 것인가요, 아니면 정태종 교장 선생님이 잘못한 건가요?"

"그야 교장 선생님이 잘못한 거지만, 학생들을 생각한다면 고발을 해도 나중에 했어야 하는 것 아닌가요? 저희가 교장 선생님을 뽑은 것도 아닌데, 피해는 저희가 보고 있잖아요?"

"그렇다고 잘못을 알고도 눈감고 있으면 똑같이 나쁜 짓을 하는 것 아닌가요? 여러분도 본의 아니게 그 나쁜 짓을 방조하는 사람이 되고요. 여러분이 연수를 갔다 왔는데 그게 부정한 의도로 했던 것이라고 밝혀지면 나중에 찝찝하지 않을까요? 원래 생각했던 것처럼 자랑스럽고 좋은 기억으로 남을 수 있을까요? 차라리 이번 기회에 툭툭 털고 일어나 정말 제대로 준비해서 좋은 기분으로 가는 게 더 좋지 않을까요?"

선생님은 여름 방학 연수는 못 가지만 겨울 방학 때 다른 곳이라도 갈 수 있도록 열심히 추진하고 있다고 말했다.

"그럴 거면 그냥 원래대로 미국으로 가면 안 되나요?"

이렇게 생떼를 쓰는 학생도 있었다. 선생님은 미국 학교도 나름대로 일정이 다 정해져 있었는데 신뢰가 깨져서 겨울에도 가기는 힘들 것이라 하며, 미국보다 비용이 적게 드는 베트남의 자매결연 학교와 협의를 하고 있다고 말했다. 겨울에는 따뜻한 동남아가 더 나을 것이라며 학생들을 달래기도 했지만, 미국이 아닌 곳으로 간다는 말에 학생들은 크게 실망했다. 선생님은 진지한 표정으로 말했다.

"저도 이런 일이 생겨서 마음이 아파요. 하지만 이번 일이 여러분에게는 윤리적 리더십이 얼마나 중요한지를 깨닫는 기회가 되기를 바랍니다."

"그 윤리적 리더십은 리더인 정태종 교장 선생님이 애초에 생생하게 느끼셔야 되는 것 아닌가요? 저희는 그냥 따라가는 입장이잖아요?"

한 학생이 따지듯 말했다.

"윤리적 리더십이 리더에게만 필요한 것은 아니에요. 조직 전체에 필요해요. 그래야 비윤리적인 리더가 마음대로 행동하려고 할 때에도 윤리를 내세워 막을 수 있습니다. 비윤리적인 리더가 하자는 대로 끌려간다면 똑같은 사람이 되어서 결국 비윤리적인 리더십을 지지하는 사람이 되고 말아요."

선생님은 어떤 기업의 회장이 나쁜 행동을 했을 때 소비자들이 직접 그 기업의 제품을 사지 않겠다며 불매운동을 벌이는 것을 예로 들어 설명했다. 그리고 윤리적 기업에 대해서는 자발적으로 홍보하고 적극적으로 구매하는 사례도 말했다.

"여러분들도 학급 회비를 개인 돈처럼 쓰는 반장을 보고 가만히 있지 못하잖아요? 내부 고발을 한 사람도 마찬가지고, 다른 선생님들과 정의로운 학부모님들이 지금 열심히 나서는 것도 뒷짐만 지고 바라보는 게 아니라 나쁜 리더에게 책임을 묻고 윤리적 리더십을 제대로 실행하기 위해 노력하는 모습이에요."

선생님은 학교 밖에서 벌어지는 일들에 대한 이야기도 덧붙였다.

"나와 상관없다고 생각한 일로 언젠가 자신이 피해를 볼 수 있으니 윤리에 민감해야 합니다. 지금 내 눈앞의 이익을 생각해서 비윤리적인 일을 그냥 넘기면 안 돼요. 예를 들어 비윤리적인 건설 회사의 리더는 남모르게 원래 써야 하는 것보다 적거나 안 좋은 재료를 쓰겠지요? 그렇게 부실하게 지은 건물은 무너지기 쉽습니다. 결국 사정을 모르고 입주한 사람과 주변에 있던 무고한 시민을 다치게 하죠. 다른 사건 사고들도 마찬가지예요."

선생님은 몇 년 전 일어난 참사의 이름을 구체적으로 말하지는 않았지만 학생들은 그 사고가 무엇인지 다 알고 있었다.

"자신이 그중 한 명이 될 수도 있어요. 그래서 비윤리적인 리더에 대해서는 마치 자기 일처럼 나서야 합니다. 더구나 자신과 연관된 일은 더 윤리적으로 생각해야 합니다. 비윤리적인 리더도 자기의 이익만을 생각해서 거기까지 간 것이니 여러분은 이 상황이 싫은 만큼 그러지 않으려 더 노력해야 합니다."

"네, 맞아요. 저는 리더에게만 책임을 물어서는 안 된다고 생각해요. 리더를 따르는 팔로어로서의 책임도 있잖아요."

찬이 나섰다. 찬은 좋은 팔로어의 자세에 대해서 말하며, 자신이 예전에 가졌던 그릇된 생각에 대해서도 말했다. 그리고 그릇된 생각에서 벗어났을 때 더 좋은 점들도 이야기했다. 그 말을 들으며 아린은 찬도 자신이 읽은 것과 같은 책을 읽었다는 생각이 들었다.

지원군을 얻은 선생님은 더 힘주어 말했다.

"생각해 보세요. 학교나 회사 등에서 윤리적 리더십이 있는 사람과 그렇지 않은 사람 중에 누구를 더 선호할까요? 답은 당연히 윤리적 리더십을 갖춘 사람이겠지요."

"하지만 우리 학교도 그렇고, 회사에서도 부정을 일으키는 사람이 리더인 게 현실이잖아요."

학중이 한숨을 지으며 말했다.

"맞아요. 하지만 그렇다고 학교와 회사, 사회에서 적극적으로 횡령을 하거나 부정을 저지른 사람을 뽑는 것은 아니에요. 그래서 부정이 밝혀지면 바로 처벌하는 거예요. 질문을 바꿔 볼게요. 여러분은 윤리적인 리더가 있는 조직과 비윤리적인 리더가 있는 조직 중 어떤 조직에 더 들어가고 싶은가요?"

"당연히 윤리적인 리더이지요."

"맞아요. 비윤리적인 리더는 여러분이 열심히 일한다고 해도 제대로 보상해 주지 않을 가능성이 많아요. 그런데 윤리적인 리더를 고르고 싶다면 어떻게 해야 할까요? 자기 자신이 윤리에 민감하지 않은데 상대방이 윤리적인지 아닌지 제대로 볼 수 있을까요?"

아린은 선생님의 이야기를 들으면서 좋은 리더가 되기 위해 팀원일 때부터 좋은 팔로어십을 갖춰야 한다는 논리와 비슷하다고 생각했다. 그리고 정말 선생님 말씀대로 이번 사건을 경험함으로써 윤리적 리더십이 얼마나 중요한지 알게 되었다는 생각이 들었다. 이번에는 아린이 나섰다.

"맞아요. 만약 이런 일을 먼저 겪었다면 나쁜 리더를 뽑는 조별 과제를 할 때 박치가 아니라 비윤리적인 리더를 최악의 리더로 뽑았을 거예요. 세상을 떠들썩하게 한 금융 스캔들이나 부정부패 사고의 주모자를 범죄자라고 하지, 능력 있는 인재라고 말하지는 않으니까요. 능력 이전에 윤리가 더 중요해요. 아마 다른 학생들도 저와 비슷한 생각일걸요? 가슴이 아프지만 확실하게 무엇이 중요한지 경험을 하게 되었다는 생각이 듭니다. 잃은 것만 있는 것은 아니네요."

아린의 말에 많은 아이들이 고개를 끄덕였다.

"그런데 그 베트남 학교는 어디에 있어요?"

학중의 질문에 무겁던 분위기가 조금 부드럽게 바뀌었다. 선생님은 구글 지도에서 학교의 위치를 찾고, 그 학교 홈페이지에 접속해서 학교와 학생들의 모습을 보여 주었다. 동아리 학생들의 호감도가 높아졌다.

"여기는 베트남의 남쪽에 있는 '까마우'라는 곳이에요."

찬은 다낭, 하롱베이, 호찌민, 하노이를 부모님과 패키지 여행으로 다녀온 적이 있었다. 하지만 까마우라는 이름은 처음 들어봤다.

"까마우와 우리 학교는 몇 년 전 최태영 교장 선생님이 계실 때 자매결연을 맺었어요. 그 이유는 방현석 작가의 『세월』이라는 소설을 읽고 나면 알 수 있을 거예요. 이 소설에는 까마우 사람들이 나옵니다."

선생님은 일단 지난번에 미뤘던 아이스 브레이킹 과제 발표를 하고, 다음 주부터는 하반기에 하려고 했던 윤리적 리더십에 대한 수행 과제를 당겨서 하자고 제안했다. 학생들은 동의했다.

"책을 다 살 필요는 없어요. 국어 시간에 국어책 읽듯이 차례대로 돌아가며 소리 내어 읽을 거니까요."

아이스 브레이킹 과제를 발표하면서 학생들의 분위기는 더 좋아졌다. 이번에는 적극적으로 준비하고 발표한 아린이 속한 조가 1등을 했다.

다시 일주일이 흘렀다. 교장의 직위 해제 이후 폭풍 같던 보름이 지나고 사태는 안정되기 시작했다. 동아리 시간을 시작하면서 선생님은 소설의 배경을 설명했다.

"『세월』은 다른 책의 절반 가격이에요. 이유는 더 많은 사람이 읽었으면 좋겠다는 뜻으로 저자가 인세를 양보하고 출판사도 이익을 양보했기 때문입니다. 그만큼 우리가 느낄 점이 많은 소설입니다."

찬과 아린은 둘 다 선생님이 과제 순서를 바꾸자고 했던 날 바로 책을 찾아서 미리 읽어 보았다. 책 제목을 듣고 혹시나 했는데 내용은 역시 세월호 참사에 대한 것이었다. 까마우에서 살다가 한국 남자와 결혼한 이주여성과 가족이 제주도에 정착하려고 세월호에 탔다가 참변을 당한 이야기였다.

함께 소설을 읽는 내내 학생들은 힘들어했다.

"뛰어내리게만 하면 되는데 관제소도, 해경도, 청와대도 보고만 받고 아무도 탈출시키란 지시를 않고…… 애들이 발버둥치고 있었을 하루 동안 배 안에 잠수 요원 한 명도 투입하지 않고 사상 최대의 구조 작전이라고 사기나 치고, TV는 그걸 하루 종일 돌려 댄 거예요. 올라온 애들 손톱 다 새카맣게 된 거 봤잖아요. 애들이 차오르는 물속에서 살려고 발버둥치다 그렇게 된 거잖아요. 송희네 반 애들만 스물한 명이 그렇게 간 거예요. 애들이 그토록 아프게 죽어 가는 시간에 젖은 돈을 말리고 있었던 선장과 어디에도 없었던 나라의 책임자를 난 믿은 거예요."

특히 다음 구절을 읽을 때는 모두들 눈물을 흘렸다.

"사람들의 입에서 처음 나오는 말이 왜 엄마 아빠인 줄 아니? 하루에 천 번씩 자신을 불러 준 사람이 그들이기 때문이야. 사람은 누구나 삼십육만 오천 번 자신을 불러 주어야만 엄마 아빠를 입에 담지만 죽을 때까지 엄마 아빠를 삼십육만 오천 번 부를 수 있는 행운을 누리는 사람도 참으로 드물단다."

학생들은 이런 상황이 자신에게 닥칠 수 있다고는 꿈에도 생각해 보지 않았다. 그리고 단원고 희생자들도 그랬을 것이라 생각하니 더 눈물이 났다.

베트남 까마우에서 온 할아버지는 대체 무슨 일이 있어 자신의 딸과 사위와 손자가 죽었는지, 어쩌다 어린 손자가 자기 동생에게 구명조끼를 입혀 줘서 어린 손녀만 살아남게 되었는지 그 어떤 설명도 듣지 못했다.

윤리적이지 않은 리더와 구성원들에 의해 철저히 상처를 입어 영원한 아픔을 품게 된 그 과정은 소설로 따라가 보는 일조차 힘에 겨웠다. 모두 감정이 복받쳐 읽다가 멈췄다를 반복하느라 짧은 소설이었지만 2주 만에 읽기를 끝냈다. 원래 독서 후 토론이 계획되어 있었지만 어느 누구도 쉽게 입을 떼지 못했다. 이 소설이 실화를 바탕으로 했다는 것이 더 안타까워 학생들은 분노와 슬픔의 눈물을 흘렸다.

"여러분도 알다시피 원래는 이 책을 가지고 토론을 하려고 했어요. 하지만 여러분이 진지하게 읽은 모습을 보니 굳이 토론을 할 필요까지는 없겠습니다. 윤리적 리더를 뽑는 것이 중요하다는 것과 구성원도 윤리적 리더십에 대한 생각을 절실하게 가져야 하는 이유에 대해 다들 이해했을 테니까요. 저는 대신에 이 책에 나온 베트남 여성, 다문화 가정 친구들과 많이 닮은 까마우의 친구들을 찾아가서 어떻게 함께 지내다 올지 프로그램을 만드는 일에 시간과 노력을 다했으면 합니다."

선생님은 말을 끊었다가 다시 입을 열었다.

"프로그램을 함께 만들고서도 점수 때문에 까마우에 못 가는 사람도 있을 거예요. 또 지금으로서는 예산 부족 때문에 본인이 총 경비의 절반을 부담해야 하므로 못 가는 경우도 있을 겁니다. 하지만 개인적 이익보다 조직 전체에 좋은 일을 함께 만들어 나가는 데 의의를 두는 윤리적 리더십을 모두 발휘해 주기 바랍니다."

윤리적 리더십

　반장 선거를 할 때 흔히 급우들에게 무엇을 해 주겠다고 약속하는 후보들이 나온다. 그때 윤리적 리더십보다는 거래적 리더십을 더 많이 고려 하게 된다. 하지만 거래적 리더십도 그 약속을 지킬 윤리적 리더십을 바탕으로 하지 않으면 소용없다는 것을 앞에서 교장의 모습을 통해 확인할 수 있었다. 또한 윤리적 리더십에 신경을 더 많이 쓰지 않으면 장기적으로 좋은 결과를 얻을 수 없음을 알았다.

　다양한 욕구를 가진 구성원들이 정보를 활발하게 교류하는 현실에서 윤리적 리더십은 이제 선택이 아닌 필수 사항이 되었다. 즉, 조직에서 일반 팀원이 더 높은 지위로 올라가려 한다면 윤리적 리더십을 갖춰야 한다는 뜻이다. 그런데 윤리적 리더십을 발휘하기 위해서는 다음 여섯 가지 원칙을 따라야 한다.

　첫째, 타인에 대한 존중의 원칙이다. 이익을 더 많이 내기 위해서 겉으로만 존중하는 척하는 사람은 윤리적일 수 없다. 독일의 철학자 임마누엘 칸트가 말한 것처럼, 사람 자체로 존재 가치를 인정하고 수단이 아닌 목적으로서 존중하는 마음을 가졌을 때 윤리적이라고 한다.

둘째, 타인에 대한 봉사의 원칙이다. 리더를 포함한 조직 구성원 모두 커다란 사회 공동체의 일원이다. 공동체 일원으로서 존중받을 권리도 있지만, 공동체를 위해 행동할 의무도 가진다. 예를 들면 기업은 자기네 제품을 산 소비자뿐 아니라 직접 제품을 구매하지 않은 사람까지 사회의 일원으로 존중해서 대우해야 한다. 그것이 기업이 활동하는 사회라는 전체 공동체에 대한 의무를 지는 것이다.

셋째, 공정성과 정당성의 원칙이다. '이것이 이익이 되는가?'라는 차원에서만 생각하면 비윤리적인 선택도 할 수 있다. 그러므로 '이것이 공정한가? 또는 정당한가?'라는 질문을 해야 윤리적인 판단을 할 수 있다. 예를 들어 '조직 구성원을 평등하게 대하는 것이 공정한가?'와 '조직 구성원을 차별하는 것이 이익이 되는가?'에 대한 질문 중 어떤 것을 더 중심으로 생각하느냐에 따라 실천이 달라질 수밖에 없다. 윤리적이기 위해서는 윤리적인 질문을 최우선으로 한다는 원칙을 세워 놓아야 한다. 윤리적인 기준을 갖고 앞의 질문을 살펴보면, 일반적으로는 평등하게 대하되 예외 사항을 정하는 식으로 윤리적 리더십을 발휘할 수 있다.

넷째, 정직성의 원칙이다. 윤리적 리더십을 펼치는 리더에 대한 믿음과 조직 구성원 간의 믿음이 없다면 윤리는 그저 좋은 말에 지나지 않게 되고 현실은 전혀 다른 방향으로 흘러간다. 그러니 서로를 믿을 수 있도록 정직하게 의사소통을 하는 원칙이 필요하다. 만약 리더가 소수의 사람하고만 소통하고, 다른 구성원들이 요구하는데도 그 정보를 공개하지 않는다면 불신이 싹틀 수밖에 없다.

정부나 회사의 기밀을 포함해 모든 것을 공개할 수는 없다. 하지만 리더 개인이 이익과 체면을 위해서 공개하지 않는 것은 문제이다. 공동의 조직이라면 공동의 이익을 먼저 생각해야 한다. 그래서 정직한 공개를 원칙으로 하고 예외 사항을 미리 만들어 놓아야 한다. 그렇지 않을 때에는 내부 고발을 하거나 구성원들이 정보 공개를 요구해야 한다.

비윤리적인 일을 저지른 뒤 책임을 모면하기 위해 공개하지 않는 경우가 많은데, 사전에 정직하게 공개할 사안들을 정해 놓는 것이 필요하다. 만약 끝까지 공개하기 힘든 사안이라면 애초에 리더로서 추진하지 말아야 한다. 예컨대 이면 합의를 해 놓고서 겉으로는 그렇지 않은 척 위장한 박근혜 정부의 한일 위안부 합의 같은 일이 일어나서는 안 되기 때문이다.

다섯째, 공동 이익 추구의 원칙이다. 일을 윤리적으로 추진하는 것은 중요하다. 그런데 결과를 공정하게 배분하지 않는다면 윤리적 리더십이라고 할 수 없다. 그래서 조직이 거둔 성과는 전체 구성원에게 정당한 몫으로 분배될 수 있도록 하는 원칙이 필요하다. 정부든 기업이든 특정 인물이나 세력이 가져가는 몫이 많다면 전체 구성원들의 만족도는 낮아지고 일에 대한 열정도 줄어들어 조직 전체가 성장하지 못하게 된다.

여섯째, 절제의 원칙이다. 사람은 누구나 욕심을 갖고 있다. 그리고 욕심은 끝이 없다. 100만 원을 벌면 200만 원을 벌고 싶고, 학급 회장이 되면 전교 회장이 되고 싶고, 연습생 때는 데뷔만 해도 소원이 없겠다 싶어도 데뷔를 하면 한 나라를 넘어 세계적인 스타가 되고 싶어 하는 것이 사람이다.

리더가 개인적인 욕심을 추구하면, 조직은 탐욕스러운 도전을 계속하게 된다. 일정한 목표 수준을 미리 설정하고 그것에 도달하면 절제를 할 필요가 있다. 곧바로 다음 욕망을 이루기 위해 돌진하기보다는 사회 공동체와 자기 자신을 돌아봐야 한다.

욕망을 추구하는 것이 당연한 일이 아니냐고 생각할 수도 있다. 그런데 윤리적 리더십을 가진 사람은 그 당연한 일 너머의 가치까지 내다본다. 기업의 리더 중에서도 어느 정도 돈을 번 다음에는 사회 환원을 하는 사람이 있고, 부정을 저질러서라도 더 많이 벌려고 하는 사람이 있다. 기업 내 조직 구성원뿐만 아니라 기업 외부의 소비자 등 사회 구성원들도 해당 리더에 대해 평가를 한다. 그 평가가 장기적으로 기업의 성공과 실패에도 영향을 준다. 2008년 세계를 집어삼킨 미국발 금융 위기에서 제일 먼저 무너진 곳이 리먼 브러더스 등 회계 부정을 일으킨 비윤리적 리더가 있는 기업이었다. 부정한 정치가도 결국 선거에서 지거나 탄핵을 당하는 세상이다. 현실에서는 비윤리적인 리더보다 윤리적인 리더를 분명히 선호하고 있다.

8 팔로어도 아니고 하인이 되라고?

프로그램을 기획하는 일은 아이스 브레이킹 과제를 하는 것보다 훨씬 더 힘이 들었다. 하지만 선생님의 말처럼 동아리 전체에 의미 있는 일을 한다는 사명감을 갖고 저마다 열심히 하니 훨씬 더 재미있기도 했다. 컴퓨터 게임이 힘들수록 한숨을 짓지만 그 나름의 재미도 느끼는 것처럼.

　김학중 조에서는 베트남에서 한국 문화에 대해 관심이 많으니 춤과 노래를 함께 배우는 시간을 갖는 프로그램을 기획했다. 그런가 하면 한국 학생들의 취미 활동을 소개하고 함께 하면서 호기심을 채워 주자는 조도 있었다. 아린이 속한 조에서는 기존 청소년 리더십 프로그램에 대해 자료 조사를 한 뒤, 그중 실생활에서 일어날 수 있는 안전사고 예방에 대해 고민을 나누는 프로그램을 참고해서 기획했다.

　학생들이 열심히 기획하는 모습을 보면서 오예빈 선생님은 대견해하는 한편 걱정되는 부분이 있었다. 그래서 동아리 활동 중간에 학생들에게 자신의 의견을 밝혔다.

"여러분 모두 열심히 하는 걸 보니 흐뭇해요. 그런데 모두 베트남이 우리보다 경제적으로 못산다고 생각해서인지 주로 우리의 것을 나눠 주자는 기획을 하고 있네요. 그러니까 베트남 친구들을 이끌어 줘야겠다는 생각을 많이 하는 것 같아요. 그런데 베트남 친구들의 입장에서 생각해 볼까요? 본인의 이야기를 열심히 들려주는 친구도 좋기는 하지만, 자기 이야기를 들어 주려는 친구가 더 반갑지 않을까요?"

학생들은 모두 뒤통수를 한 대 얻어맞은 것 같았다.

"베트남에서 유명한 동화는 무엇인지를 먼저 듣고, 그것과 비슷한 우리의 이야기를 들려준다면 어떨까요? 베트남에서 유명한 춤과 노래를 먼저 듣고, 우리의 것을 보여 주는 순서로 하면 어떨까요? 상대방의 자존심도 살려 주면서 더 빨리 친해질 수 있지 않을까요?"

학생들은 겸연쩍은 미소를 지으며 고개를 끄덕였다. 선생님은 이번 기회에 새로운 리더십도 배워 보자며 헤르만 헤세(Herman Hesse)의 작품인『동방 순례』의 내용을 설명했다.

"소설의 주인공은 여행자를 도우며 허드렛일을 하는 레오예요. 그런데 표면적인 주인공은 여행기를 써 나가는 H. H.예요. 작가인 헤르만 헤세 자신의 이름 첫 글자와 똑같아서 더 실제로 있었던 일처럼 느껴져요. 아무튼 H. H.는 종교 모임에서 기획한 동방 순례에 참가하면서 레오를 만나게 돼요. 사람들은 온갖 잡

일을 도맡아 하는 레오에게 고마워하기는커녕 레오를 하찮은 존재로 여겼어요. 그런데 어느 날 레오가 갑자기 사라졌어요. 어떻게 되었을까요?"

"문제가 생겼을 것 같아요."

"맞아요. 모든 일이 뒤죽박죽되었어요. 여행자들은 혼란에 빠졌고 결국 여행은 중단되었지요. 사람들은 하인처럼 충직하게 도움을 주었던 레오가 없어진 뒤에야 자신들이 아무것도 할 수 없다는 사실을 깨달았어요. 그 후 많은 일을 겪으며 삶에 대한 고민과 상처가 더욱 깊어진 H. H.는 힘들 때마다 이상하게 레오가 생각났어요. 그래서 몇 년을 찾아 헤맨 끝에 드디어 레오를 만났어요."

선생님의 이야기를 들으며 학중은 해피 엔딩으로 참 줄거리가 단순하다고 생각했다. 하지만 찬과 아린은 선생님과 많은 시간을 함께하면서 생긴 기대를 갖고 다음 이야기를 기다렸다.

"그리고 레오가 교단의 지도자라는 사실을 알게 되었어요. 그제야 H. H.는 레오가 그저 허드렛일을 하는 사람이 아니고 전체 교단을 책임지는 사람일 뿐 아니라, 다른 사람들을 물심양면으로 지원해 주는 훌륭한 리더라는 것을 비로소 깨닫게 되었답니다."

선생님은 사람들이 겉보기에 심부름꾼인 레오가 교단의 리더라는 사실을 눈치채지 못하다가 그가 훌륭한 리더라는 사실을 온몸으로 느끼게 된 과정을 분석해 줬다. 그리고 이 글은 원래 헤르만 헤세가 리더십을 위해 쓴 것이 아니라 종교적 깨달음의 길에 대해서 쓴 것이지만, 나중에 학자들이 리더십 측면에서 분석을 하고 있다는 사실도 알려 줬다.

"레오가 보여 준 리더십을 '서번트 리더십'이라고 해요. 어쩌면 우리 주변에도 단순한 팀원이라고 생각한 사람 중에 실제적으로 훌륭한 서번트 리더가 있을 수 있어요. 공식적인 학교 회장과는 달리 실제적으로 좋은 방향으로 학생들을 이끄는 사람, 조별 과제를 할 때 조장이 아닌데도 열심히 뒤치닥거리를 하면서 결국 견과물이 나올 수 있게 희생하는 사람 등이 서번트 리더십에 해당한답니다."

선생님의 말을 들으며 학생들은 저마다 마음속에 누군가를 떠올려 보았다.

"이런 서번트 리더는 단지 성품이 착한 것이 아니에요. 처음부터 생각의 출발점이 달라요. 그것은 바로 '다른 사람을 위해 봉사하고 헌신하려는 마음'과 '구성원을 조직 구조상 자기 아래의 사람으로 보는 것이 아니라, 소중한 한 인간으로 보고 그 구성원의 존엄성과 가치를 존중하려는 마음'이에요. 내가 더 잘났으니 나눠 주겠다는 마음이 아니랍니다. 여러분이 지금 그렇다는 게 아니에요. 혹시나 여러분의 노력이 베트남 학생들에게 오해를 받으면 선생님도 많이 속상할 것 같아서 미리 말하는 거예요."

"선생님의 말씀은 잘 이해했어요. 프로그램 기획할 때 주의할게요. 그런데 학교나 사회에서 서번트 리더십을 발휘하면 손해를 볼 때가 더 많지 않나요?"

3학년 학생 하나가 질문했다.

"어떤 면에서요?"

"일은 자기가 다 하지만 주변의 인정도 받지 못하죠. 리더의 자리는 다른 사람이 차지하고 늘 심부름만 하다가 스트레스를 받게 될 것 같아요. 소설 속 주인공처럼 조직에서 떠나야만 인정을 받는다면 슬프지 않을까요?"

"맞아요. 사실 그런 면이 있어요. 그런데 조금 전에 말한 서번트 리더의 출발점을 생각해 보세요. 형식적인 리더의 자리를 차지하거나 행사 등에서 도드라지고 싶은 게 아니라, 처음부터 봉사와 헌신, 존중하는 마음이 더 큰 사람이에요."

"어휴, 사람이 그러기가 쉽나요? 거의 성자 수준이어야 서번트 리더가 될 수 있겠어요."

"물론 쉽지 않지요. 그런데 높은 산을 올라갈 때 쉬워서 올라가는 게 아니잖아요. 그만한 가치가 있으니까 올라가는 거지요. 마찬가지로 서번트 리더십도 다른 리더십에서는 찾을 수 없는 가치가 있어서 실행하는 거예요."

"그 가치가 대체 뭐예요?"

"남다른 성과이지요. 서번트 리더가 있는 조직은 리더가 구성원을 섬기니 심신이 지치지 않겠지요? 스트레스가 적으니 구성원끼리도 기분 좋게 상호 작용을 하고, 서로 좋은 감정을 주고받으니 조직 전체에 존중의 마음이 더 커지겠지요? 결국 리더가 가진 남을 섬기는 마음이 전체 구성원에게도 퍼지게 됩니다. 능력 있는 리더라고 믿고 따르는 리더십에서는 얻을 수 없는 조직의 변화이지요."

아린은 서번트 리더에 대한 설명을 들으며 오예빈 선생님을 떠올렸다. 선생님 덕분에 자신도 다른 사람을 존중하게 되었고, 주변 학생들도 변하게 되었다고 생각했다.

"구성원도 리더를 진심으로 섬기며 공동체의 목표를 위해 지시하지 않은 일까지도 스스로 찾아서 하지요. 자신의 잠재력을 최대한으로 끌어내어서라도 말입니다. 이런 조직은 인간적으로도 친밀하고, 리더가 통찰력을 발휘해서 찾은 비전에 구성원들의 노력까지 더해져 성과도 남달라요. 그래서 서번트 리더십이 주목을 받고 있지요."

선생님은 대학교에서 인재를 선발할 때나 회사에서 사원을 뽑을 때 또는 팀장으로 승진시킬 때 서번트 리더십을 중요하게 여겨 다른 사람을 위해 봉사한 일이 있는지 확인한다는 말을 덧붙였다. 찬과 아린을 비롯해 많은 학생들은 자신들이 그저 시간 때우기 식으로 봉사 활동한 것이 사실은 서번트 리더십과 연관된다는 사실에 놀랐다.

"봉사를 얼마나 많이 했느냐가 중요한 것이 아니라 실제로 봉사의 마음을 가지고 했는지 이야기를 해 보면 알게 되니 되도록 자신의 진심이 담길 수 있는 분야를 선택해서 활동해야 합니다."

"정말 서번트 리더십은 최고의 리더십인 것 같아요. 저의 새로운 리더십 도전 과제로 서번트 리더십을 정하고 싶어요."

아린이 감탄하며 말했다. 그러자 선생님은 주의 사항을 말해 줬다.

"서번트 리더십에도 단점은 있어요. 우선 서번트 리더십을 키우려면 오랜 시간이 걸려요. 좋은 것이니 빨리 키워서 성과를 봐야지 하는 식으로 급하게 생각하면 안 돼요. 공동체를 위해 헌신하려는 마음을 갖는 데에도 시간이 걸리고, 여러 역량을 개발하는 데에도 시간이 많이 걸려요. 그리고 역량을 갖추었다고 해도 『동방 순례』에 나온 것처럼 남들을 동참하게 만드는 일은 어렵고 시간이 오래 걸려요. 시간이 걸려도 제대로 가자는 구성원들이 많지 않고 당장의 속도를 더 강조하는 분위기에서는 뿌리내리기가 힘들어요. 그러니 부디 급한 마음을 갖지 않기 바랍니다."

"그래도 저는 한번 도전해 보고 싶어요."

"좋아요. 서번트 리더는 다른 사람의 의견을 경청할 줄 알아야 해요. 그런데 이게 문제가 될 수도 있다는 것을 알아야 해요."

"문제요? 인간적이어서 더 좋은 거 아닌가요?"

"일단 경청하는 데에도 시간이 많이 걸리지만, 그렇게 여러 사람들의 의견을 듣고 종합해서 가장 좋은 것을 선택해야 하기 때문에 시간이 훨씬 많이 걸려요. 서번트 리더가 오랜 시간 여러 의견을 듣고 판단하는 것을 보고 우유부단하다고 사람들이 오해하는 바람에 리더십이 손상될 가능성도 있어요."

선생님은 그래도 조직이 작을수록 서번트 리더십은 효과적일 수 있다는 점을 강조했다.

"많은 사람들이 있는 회사와 정부 기관이라면 시간이 오래 걸리지만, 조별 과제 정도라면 리더의 결심으로 충분히 변화를 만들어 낼 수 있어요. 과제의 양과 새롭게 인간관계를 쌓을 사람의 숫자가 적으니 서번트 리더십을 연습할 최적의 기회인 셈이지요. 하다가 힘든 일 있으면 선생님에게 꼭 도움을 받도록 해요."

아린이 고개를 끄덕이며 대답하려는 찰나 3학년 조장인 이진표가 끼어들었다.

"어휴, 그러니 저 같은 사람은 속 터져서 못 할 거 같아요."

"맞아요. 서번트 리더십이 좋기는 하지만 억지로 할 수 있는 게 아니에요. 기본 성향이 남을 배려하는 사람이 아니라면, 리더로서 대외적으로는 최고 대표자 역할을 하면서 내부에서는 가장 낮은 사람으로 활동하는 스트레스를 감당하기 힘들어요. 하루에도 극과 극의 체험을 하다 보면 일 자체에 드는 에너지 말고 역할 적응에 에너지가 소비될 수도 있어서 개인적으로나 조직 모두에게 좋지 않아요."

"그것도 그렇지만 남들의 시선 때문에 상처받아 좌절할 가능성이 커서 저랑 안 맞아요. 처음 조별 과제에서 살펴봤던 것처럼 많은 사람들이 아직도 카리스마 있는 리더가 능력 있는 리더라며 선호하는데, 심부름꾼 코스프레를 하면 완전 무시만 당할 거예요."

"그래서 자신의 성향이 서번트 역할에 맞는 사람이 해야 하는 리더십이라고 한 거예요."

"그럼 대체 저는 어떤 리더십을 키워야 하는 걸까요?"

"자신에게 맞는 리더십을 찾기 위해 제가 질문을 할게요. 솔직하게 대답해 줘야 해요."

"네."

"국회의원이나 대통령 등 선거 후보들의 홍보 포스터에는 '충직한 일꾼이 되겠다.', '머슴이 되어 열심히 하겠다.' 등의 문구가 적혀 있어요. 홍보 문구만 보면 서번트 리더십을 발휘할 것 같아요. 하지만 말은 그렇게 해도 정말 일꾼이나 머슴처럼 사진을 찍어 올린 사람은 드물지요. 저마다 똑똑하고 강렬한 이미지를 주기 위해서 노력한 흔적이 보입니다. 어떤 후보는 자신의 명문대 학력을, 어떤 후보는 대기업 경력을 자랑하는가 하면, 또 어떤 후보는 공공 기관에서 일한 경력을 내세우기도 해요. 그렇다면 똑똑할수록 더 좋은 리더일까요?"

진표는 잠시 생각하더니 대답했다.

"아무래도 똑똑하면 문제를 더 잘 해결할 수 있으니 좋은 리더가 아닐까요?"

"그렇군요. 진표뿐만 아니라 많은 사람들이 어떤 리더 후보가 똑똑할수록 진리를 더 많이 알고 있다고 믿어요. 그 사람이 똑똑한지 직접 겪어 볼 수 없으니, 누구라도 확인할 수 있는 학교 성적으로 판단하지요. 그런데 학교 성적이 좋다고 무조건 좋은 반장, 좋은 회장이 될 수 있던가요?"

"아니, 그건 아니지요."

"수능 시험 문제를 잘 풀었다고 해서 세상과 인생의 진리를 더 잘 알고 현실의 문제를 더 잘 해결할 거라고 확신할 수 있을까요? 전혀 연관성이 없지는 않겠지만 현실 문제를 해결하려면 다른 역량이 더 필요하지는 않을까요?"

"그, 그건 그래요."

"그런데도 사람들은 성적이 좋으면 똑똑하다고 생각해서 그 사람이 권위를 가진다고 생각하죠. 그리고 그 사람이 주장하는 것을 참이라고 믿는 착각에 빠져요. 똑똑한 리더를 선호하는 마음은 공부를 잘하는 것이 리더의 최고 덕목이라고 생각하게 해요. 중·고등학교 때 타인과의 관계나 교감보다 시험 성적이 더 중요하다고 생각하게 만들지요. 명문대에 진학하고 취업을 더 잘하고 능력을 과시할수록 리더로서의 기회를 더 많이 얻게 되는 학벌주의에 빠지게 돼요. 그리고 그런 불평등 요소를 당연하게 여기지요."

진표는 선생님의 말을 주의 깊게 들었다.

"능력을 과시하려는 사람들에게 리더의 권한이 주어졌을 때 현실의 성과가 어떻게 나타날 것인지 생각해 보세요. 여러분이 바라는 사회는 카리스마를 강조한 독재자가 맘대로 하는 사회인가요, 혹은 소수 특권 계층이 전체를 주무르는 사회인가요?"

선생님은 인터넷을 검색해서 책을 찾아 보여 줬다. 그 책은 미국의 정치 평론가인 크리스토퍼 헤이즈가 쓴 『똑똑함의 숭배』와, 사회학자인 스티븐 맥나미와 로버트 밀러 주니어가 함께 쓴 『능력주의는 허구다』였다.

"이런 책을 보면 똑똑한 엘리트나 권력을 가진 사회 지도층이라고 해서 리더십을 더 많이 갖고 있다고 생각하는 것은 착각이라는 점을 잘 알 수 있어요. 그런 사람들은 오히려 더 나쁜 리더십으로 문제를 만들어 내기도 하지요. 거대한 부정부패, 금융 위기, 전쟁, 강간과 성추행 등의 각종 사건을 보면 소위 똑똑하다는 엘리트의 이름이 오르내려요. 진표는 이런 엘리트가 되어 리더가 되고 싶나요?"

"아니요."

"다행이에요. 어떤 리더는 우리 대신 결정해 줄 적임자들이 있을 것이고, 그 적임자들만 찾으면 사회가 매끄럽게 굴러갈 것이라 믿게 만들려고 해요. 민주주의의 기본은 주인 된 자세로 문제를 해결하는 것이잖아요? 민주주의에 맞는 리더가 되고 싶지 않나요?"

"네, 그렇지요. 저는 히틀러가 되고 싶은 게 아니니까."

"좋아요. 리더로서 좋은 출발점을 갖고 있어요. 역사적으로 독재자와 왕과 일부 귀족들이 정치를 잘 못해서 생긴 불합리한 일로 일반 국민들의 삶이 얼마나 힘들었는지 모두 잘 알고 있어요. 그런데도 대부분의 사람들은 자신이 적극적으로 사회 변화에 참여하기보다는 똑똑한 사람들이 사회를 이끌어 주기를 바라는 모순된 모습을 보이지요. 혹은 자기가 그런 똑똑하기만 한 리더가 되어 맘껏 권력을 누리려고 해요. 진표가 그렇지 않다니 너무 다행이에요."

"그렇지만 똑똑하고 능력이 있는 건 좋은 것 아닌가요?"

학중이 끼어들었다.

"어떤 사람이 능력이 있는 게 문제가 아니에요. 진짜 리더십을 갖지 못한 채 그 능력으로 권력을 휘두르려고 하는 게 문제이지요."

선생님은 다시 진표를 보면서 질문했다.

"강한 이미지를 갖고 있는 리더가 좋은 리더인가요?"

"아니요. 그건 카리스마 리더십에 대해 공부할 때 배워서 잘 알아요."

"그러면 겸손한 리더가 좋은 리더인가요?"

"네."

"좋아요. 역사를 보면 강한 이미지가 아니어도 위대한 리더가 된 사람이 많아요. 고대 시대에 낙동강 하류 12부족 연맹체를 통합한 김수로가 대표적인 예예요. 김수로왕에 대해서 잘 알고 있나요?"

"아니요."

"김수로는 먼저 왕으로 나서지 않고 부드러운 통합의 리더십을 발휘했어요. 그러자 부족장들이 그를 가락국의 왕으로 추대했어요. 백성들의 생명을 건 전쟁으로 상대를 굴복시키기보다는 석탈해와 재주를 겨룬 뒤 이겨 가락국의 왕 자리를 지키기도 했지요. 임시로 궁을 지을 때는 강한 이미지로 권위를 세우려 하기보다는 국민과 눈높이를 맞추기 위해 흙으로 단을 석 자만 쌓았어요. 이런 리더를 국민들은 위대한 인물이라며 진심으로 지지했고 그 속에서 강한 리더십이 생겼어요. 이런 리더가 되고 싶나요?"

"네, 되고 싶어요."

진표는 눈을 반짝이며 말했다. 선생님은 장난기 있는 미소를 지으며 말했다.

"아까 말은 그렇게 했지만 사실 마음속으로는 서번트 리더가 되고 싶었던 거네요."

"네? 무슨 말씀이세요?"

"똑똑한 척하는 리더도 싫고, 강한 이미지로 밀어붙이는 리더도 싫고, 겸손한 리더가 좋고, 김수로처럼 되고 싶다고 했잖아요. 자신이 대답한 것과 내가 말한 서번트 리더의 특성을 비교해 봐요."

진표는 눈을 이리저리 굴리면서 생각해 봤다. 선생님 말이 맞았다. 자기도 모르게 헛웃음이 나왔다.

"서번트 리더라고 하니까 아주 대단한 결심이 필요하다고 생각해서 겁이 나는 거예요. 자신의 마음 속에 있는 긍정적인 부분에 집중하고 차근차근 그 마음이 하라는 대로 움직이면 돼요. 아까 아린이에게 말했던 것처럼 시간이 걸려요. 그런데 포기하지 않으면 자신이 되고 싶었던 김수로와 같은 리더가 될 수 있을 거예요."

"아, 정말 그럴까요?"

진표는 고개를 가로저었다.

"천 리 길도 한 걸음부터 가야 하겠지요? 천 리가 멀다고 생각만 하거나 지레 겁을 먹으면 변하는 건 아무것도 없어요."

서번트 리더십

민주 사회는 독재를 싫어하지만 '강한 리더'는 긍정적으로 본다. 리더가 큰 힘을 갖고 모든 분야에서 진두지휘하며 결정을 내릴 때 믿음직하다며 박수를 보낸다. 그런데 민주주의는 과정을 중시해서 여러 제도를 만들어 놓는다. 그리고 여러 실무 담당자들이 각자 업무에 맞는 전문성을 키우며 일하고 있다. 그것을 무시하고 리더가 강한 이미지에 맞게 행동한다면 과연 성과를 거둘 수 있을까? 전문성을 가진 실무자가 자신의 역량을 더 발휘할 수 있도록 심부름꾼 역할을 자처하는 것이 민주주의에 맞는 리더가 아닐까?

민주 사회에서 더 큰 성과를 낼 수 있는 리더가 바로 서번트 리더이다. 강한 이미지를 가진 리더라고 정말 강한 리더십을 갖고 있는 것은 아니다. 진정 강한 리더십은 위대한 서번트 리더에게서 나온다.

서번트 리더십을 키울 때 주목해야 할 주요 역량은 다음과 같다.

첫째, 일방적으로 지시하지 않고 다른 사람의 의견을 경청하는 자세이다. 경청은 구성원을 존중하는 마음에서 나온다. 그리고 구성원이 내놓은 의견을 열린 마음으로 받아들이려는 자세에서 나온다. 경청하는 리더에게 구성원은 자신이 바라는 것이나 문제를 해결할 수 있는 아이디어를 솔직하게 털어 놓는다. 그러면 좋은 쪽은 더 좋게 발전시키고, 나쁜 쪽은 미리 알아 조치할 수 있는 기회를 얻게 된다.

둘째, 공감하는 능력이다. 열심히 들어 주기만 할 뿐 감정적으로 보듬어 주지 않는다면 상대방은 마치 벽에 대고 이야기하는 기분이 들 것이다. 이때 적절하게 공감을 표시할 줄 알아야 한다. 때로 구성원이 털어놓지 않는 면이 있으면, 리더 자신이 겪고 있는 힘든 사항을 먼저 털어놓아 공감을 얻을 줄도 알아야 한다. 그리고 상대방의 이야기에서 기뻐할 부분은 함께 기뻐하고, 슬퍼할 것은 함께 슬퍼하면 된다. 이성적 판단이 아니라 자신이 감정적으로 얼마나 상대방을 이해하는지 돌아보고 확인하는 습관을 들여야 한다.

셋째, 도움을 주는 능력이다. 구성원이 정신적으로 힘들어하면 잠자코 들어 주거나 "나도 그런 적이 있어."라고 공감하는 것만으로는 부족하다. 왜냐하면 구성원은 리더에게 친구 이상의 역할을 기대하기 때문이다. 리더는 조직이 갖고 있는 것과 개인적으로 해 줄 수 있는 것을 잘 살펴보고 구체적으로 도움을 줄 수 있어야 한다. 예를 들어 기업의 리더라면 지나친 업무로 건강이 악화된 직원에게 휴가를 주거나 치료비를 준다. 직원 중 특정한 병을 얻은 사람이 여러 명 나오면 치료 보상비뿐만 아니라 작업 환경의 문제점은 없는지 살펴서 개선하려고 한다. 나아가 물질적 보상에 그치지 않고 감정적 아픔과 좌절까지 살펴 구체적 도움을 주는 게 서번트 리더이다.

단, 부가적 능력으로 관리 역량도 발휘해야 한다. 감정에 치우쳐서 특정인에게 모든 재원을 집중해서 쓰면 안 된다. 그러면 다른 많은 구성원을 돌보지 못하기 때문이다. 예컨대 학급에서 회비를 걷었는데 만약 체육 대회 달리기에 출전하는 선수가 더 좋은 성적을 내겠다며 운동화를 지원해 달라고 한다면 어떻게 해야 할까?

정부를 예로 들어 보자. 정부가 특정 계층을 위해서만 예산을 쓰면 '퍼주기' 혹은 '역차별' 논란이 생기게 되어 있다. 그 계층이 부자가 아니라 가난한 사람이어도 마찬가지이다. 사회에는 중산층도 있다. 그리고 성별에 따라 다른 정책을 펼쳐야 할 때도 있다. 그러니 리더는 전체적인 재원까지 관리하는 능력을 갖춰야 한다.

넷째, 구성원의 성장을 위한 노력이다. 위의 경청, 공감, 도움은 모두 현재의 특정 사항에 대해 잘해 주고자 하는 마음으로 하는 리더의 행동이다. 그런데 구성원은 물리적 보상도 좋아하지만 장기적인 자아실현까지도 신경 써 주는 리더를 좋아한다. 구성원들이 개인적으로 성장할 수 있도록 노력을 해야 한다. 실제로 많은 기업에서 구성원에게 교육비, 자기 계발비 등을 지원을 해 주고 있다. 여기에서 더 나아가 구성원을 어떤 부서에 배치할 때에도 그 구성원의 발전을 위해 기회를 제공해 주는 것임을 설명할 수 있어야 한다.

다섯째, 공동체 형성이다. 리더에게는 이미 공식적인 기업, 학교, 학급, 팀 등 자신의 조직이 있다. 하지만 그것만으로 인간관계를 친밀하게 쌓기 힘들다. 더 촘촘하게 인간적 교류를 할 수 있는 공동체를 만들어야 한다. 단지 리더와 구성원 사이만이 아니라 구성원끼리도 잘 지낸다면 공식적 업무에서도 협력이 잘된다. 평소 공동체 활동으로 서로를 잘 알게 될수록 업무에도 서로 양해하면서 긍정적인 교류를 할 가능성이 커진다. 그래서 최근 회사들은 취미 모임이나 봉사 동아리를 적극적으로 지원한다. 이렇게 구성원들이 더 잘 지내도록 돕고 신경 써야 좋은 서번트 리더가 될 수 있다.

여섯 번째, 꼼꼼한 인식 능력이다. 서번트 리더는 다른 사람들이 "다 그런 거지, 뭐."라고 넘기는 것에서도 새롭게 뭔가를 인식하려는 자세를 가진다. 그 덕분에 경청하고 공감하며, 다른 사람은 보지 못하는 면을 찾아 도움도 줄 수 있고, 건전한 공동체를 만들 생각까지 하게 된다. 이런 리더는 남다른 통찰력으로, '착하기만 한 리더'가 아니라 '효과를 거두는 창의적 리더'가 된다.

정리하자면 서번트 리더는 남을 섬기려는 마음에서 출발해서, 그에 맞는 행동으로 경청, 공감, 도움 주기, 장기적 관점에서 구성원의 성장을 위해 노력하기, 공동체 형성하기 등을 꼼꼼하게 인식하며 실천하는 사람이다.

한마디로 말해 서번트 리더는 '남을 섬기는 사람'이다. 남을 섬기는 사람이니 조직도 수직적 구조가 아니라 수평적 구조로 만들고, 의사 결정에 구성원을 참여시키고 설득을 통해서 결정한다. 그래서 구성원들도 진행 과정에 충분히 참여했기에 자기 의견과 다른 결정이 나더라도 불만이 줄어든다.

리더십은 리더가 조직의 꼭대기에서 아무 일을 하지 않고도 군림하며 존경과 이익을 얻게끔 만들어진 개념이 아니다. 리더와 구성원의 공동 목표를 이루기 위한 개념으로 만들어졌다. 그러므로 조직과 구성원들이 그 목표를 이루는 데 기존의 어떤 개념보다 효과적인 서번트 리더십을 선택하려고 하는 것은 당연한 일이다.

9 인드라 누이에게서 배우다

오예빈 선생님은 동아리 학생들에게 나눠 줄 과제가 괜찮은지 검토하는 일을 두 공동 회장에게 맡겼다. 찬과 아린은 선생님이 학생들을 얼마나 배려하려 하는지 그런 것을 통해서도 잘 알 수 있었다. 리더는 보이는 것뿐만 아니라 뒤에서 더 많은 것을 준비해야 한다는 사실을 체험했다.

　두 사람은 선생님이 먼저 읽어 보라며 빌려준 책이나, 수행 과제 설명이 이해하기 쉬운지 함께 살펴보는 일을 하면서 무척 친해졌다. 선생님은 또 방학 기간에 사용할 리더십 사례 분석 과제를 검토하는 일도 찬과 아린에게 맡겼다. 특히 아린은 그 과제에 관심이 많았다. 둘은 도서관에 나란히 앉아 사례를 살펴보았다. 자료에는 여성으로 리더가 된 인드라 누이의 이야기가 쓰여 있었다.

인드라 누이는 청소년 시절 크리켓 팀에서 뛰기도 하고 록 밴드에서 기타리스트로 활동하기도 했다. 당시 인도 소녀라면 으레 하지 못할 것이라 여기는 고정관념에 도전하며 자신의 꿈을 실행에 옮겼다. 착실하게 청소년기를 보낸 인드라 누이는 1974년, 자기가 태어난 곳에 있는 마드라스 크리스천 대학에서 이공계 전공으로 학사 학위를 받았다. 그리고 자기 계발을 위해 전공을 바꿔 캘커타의 인도경영대에서 경영학 석사를 취득했다. 이렇게 겉으로 드러난 이력만 보면 이미 인재로 인정받은 것 같다. 하지만 당시 교수와 주변 친구들은 누이를 평범한 학생으로 평가했다.

'평범한 학생'이었다는 문장을 보면서 남궁찬은 자신과 비교하며 자료를 읽어 나갔다.

인드라 누이는 인도에서 직장 생활을 시작했다. 첫 직장은 인도에 있던 영국의 섬유 회사 투탈이었다. 그리고 회사에서 능력을 인정받아 존슨앤존슨으로 옮겨 매니저가 되었다. 당시 인도에서는 여성 생리용품 광고가 금지되었고, 소매상에서도 잘 팔지 않았다. 한마디로 매출을 내기가 힘든 상황이었다. 그러나 누이는 좌절하지 않았다. 중학교와 고등학교, 대학을 찾아다니며 학생들을 교육시켜 소비자로 만들어 냈다. 성과가 나타나자 회사에서 인정받으며 탄탄대로가 펼쳐지는 것 같았다. 하지만 인드라 누이는 기업에서 일하기 위해서는 자기 성장을 더 해야 한다는 사실을 깨달았다. 그래서 과감하게 1978년에 미국으로 건너갔다. 미국에서 인드라 누이는 최고 명문대인 예일대 경영대학원에 진학해 다시 경영학 석사를 땄다. 장학금을 받기는 했지만 학비가 모자라 밤에는 부업으로 돈을 벌어야 했다. 취직 면접을 보러 갈 때는 비즈니스 정장을 살 돈이 없어서 인도 전통 복장인 사리를 입고 갔다. 자기 모습 그대로 당당하게 헤쳐 나가야 한다는 결심을 굳히면서.

이 부분을 읽었을 때 아린은 인드라 누이의 도전 의식과 당당함에 매력을 느꼈다. 그리고 마땅히 입을 옷 하나 없다고 풀이 죽은 게 아니라 있는 그대로 당당하게 자신을 표현한 것에 감동을 받았다. 리더십은 이렇게 사소한 개인적 외양에서도 다 드러나는 것이라 생각하면서 아린은 자신도 더 노력해야겠다고 다짐했다.

미국에서 학위를 받은 인드라 누이는 보스턴 컨설팅 그룹, 모토로라 등에서 전략 기획 분야를 담당하며 능력을 더 키워 나갔다. 그리고 1994년 펩시코로 직장을 옮겼다. 당시 그녀는 거대 기업이었던 GE에서도 이직 제의를 받을 정도로 능력이 있었지만 음료 회사를 선택했다. 왜냐하면 자신의 셀프 리더십을 자극한 펩시코 CEO 웨인 캘러웨이의 말 때문이었다.

"GE의 회장인 잭 웰치는 내가 아는 최고의 CEO이고, GE는 아마도 세상에서 가장 뛰어난 회사일 겁니다. 하지만 나는 당신과 같은 사람이 꼭 필요합니다. 펩시코를 당신을 위한 특별한 공간으로 만들겠습니다."

자신의 셀프 리더십을 적극적으로 지원해 주겠다는 약속에 인드라 누이는 주저 없이 펩시코를 선택했다.

인도의 중소 도시에서 태어나 그다지 잘 알려지지 않은 그 지역 대학에서 이공계를 전공한 여성은 겉으로 보면 세계적 기업에서 그리 환영할 만한 경영 쪽 인재가 아니었을 수도 있다. 그러나 인드라 누이는 자신에게 단점으로 작용할 수 있는 출신 배경 등에 대한 생각이 남달랐다. 누이는 이렇게 다짐했다.

"여자로, 외국인으로 태어나 미국에서 성공하려면 그 누구보다도 더 영리해져야 한다."

찬은 이 말이 여성에게만 해당되는 말이 아니라, 출발점이 남보다 못한 누구에게나 해당되는 말이라고 생각했다.

누이의 어머니는 자식들이 어렸을 때부터 "네 꿈을 위해서 오늘은 무엇을 했니?"라는 질문을 자주 했다. 덕분에 누이의 언니인 챈드리카 탠든도 계속 노력해서 인도의 유명 가수가 되었다. 누이는 멋진 꿈을 꾸며 상상의 나래만 펼친 것이 아니라 착실하게 내면을 단련시키고 실행해 나갔다. 그 결과 펩시코에 입사한 지 12년 만인 2006년 10월, 여성 최초로 펩시코의 CEO가 되었다. 그리고 다시 7개월 후인 2007년 5월, 회장직까지 겸하게 됐다.

어떻게 이런 초고속 승진을 할 수 있었을까? 같은 탄산음료 업체인 코카콜라에 뒤져서 만년 2등이던 펩시코를 업계 1등으로 만드는 데 가장 크게 공헌한 인물이 바로 인드라 누이였기 때문이다. 2004년 펩시코는 전체 매출에서 73억 달러 차이로 코카콜라를 앞질렀다. 2005년 12월에는 시가 총액 984억 달러로 979억 달러였던 코카콜라를 제쳤다.

선생님은 조직에 이런 변화가 생긴 이유를 찾는 것을 수행 과제로 내고 싶다고 했다. 그래서 찬과 아린은 그 과제를 미리 해 보았다. 분석력이 뛰어난 아린이 먼저 해답을 말했다.

"코카콜라와 펩시코 모두 100여 년 동안 탄산음료를 만든 회사였어. 그런데 펩시코는 100년 동안 코카콜라에 뒤지고 있었지. 그게 당연하다고 모두 생각할 때, 인드라 누이는 펩시코가 만년 2위밖에 할 수 없는 한계를 명확하게 인식했어. 그리고 당시 시작된 세계적인 웰빙 유행을 눈여겨봤지. 그리고 자신이 과감하게 인도에서 미국으로 이주했던 것처럼 조직을 시장의 변화에 재빠르게 적응시켰어."

아린은 인드라 누이가 탄산음료뿐만 아니라 건강 음료와 식품 분야로 사업을 넓혀 나갈 것을 주장했다는 부분에 밑줄을 그으며 말했다.

"인드라 누이는 우리에게 잘 알려진 외식업체인 KFC, 피자헛, 타코벨을 팔았어. 그 대신 주스를 생산하는 음료업체 트로피카나를 인수했지."

"뭐? 트로피카나? 난 못 들어 본 업체인데?"

"실은 나도 그래."

아린은 웃으며 대답했다. 찬이 말했다.

"유명한 것을 팔고 듣보잡을 사다니 생각이 남다르구나."

"여기 보면 인드라 누이는 인도에서 경영학 석사를 취득했는데도 미국에서 다시 경영학 석사를 취득했어. 자신이 필요하다고 생각하는 것은 반복해서라도 꼭 얻는 사람이니까 트로피카나 인수 역시 정말 필요해서였을 거야."

"인드라 누이는 또 2001년에 건강 이미지와 관련된 시리얼과 이온 음료 '게토레이' 생산업체였던 퀘이커오츠를 인수했대."

찬이 자료를 보면서 말했다.

"맞아. 그 아래 보면 당시 퀘이커오츠는 스포츠 음료 시장에서 83퍼센트의 점유율을 보이며 코카콜라의 '파워에이드'에 크게 앞서고 있었다고 해."

"그런데 퀘이커오츠를 왜 산 거지?"

찬의 물음에 아린은 잠시 생각을 정리한 뒤 말했다.

"다른 것에서는 만년 2위라도 확실히 1위인 것을 하나 가지면 대내외 이미지가 달라져서가 아닐까? 김학중도 성적은 대단하지 않지만 자신이 잘하는 운동과 노래에서 1위인 이미지로 처음에 조장으로 뽑혔잖아."

"그런 게 기업에서도 통하나?"

"탄산음료는 1위와 워낙 차이가 나니까. 100년 동안이나 유지됐잖아. 그런데 웰빙 바람이 불어서 사람들이 건강 음료를 먹기 시작하면 반전을 노릴 수 있다고 생각한 것 같아."

"너 꼭 인드라 누이처럼 말한다."

"어, 그래?"

아린은 눈을 깜박깜박하면서 좋아했다.

"그런데 코카콜라는 뭐 하고 있었던 거야? 자기들이 1위라고 해서 방심했나?"

"아마 그랬을 거야."

둘은 관련 자료를 더 찾아보기로 했다. 인터넷을 검색해 보니 코카콜라의 방심뿐만 아니라, 퀘이커오츠 인수 과정에서 코카콜라가 이온 음료 1위 업체까지 가지면 독점이 된다는 것을 강조한 전략 덕분에 펩시코가 성공하게 되었다는 기사가 있었다.

"결국 운 좋게 음료 업계의 약자였던 펩시코가 인수를 하게 된 거네. 약자라는 단점이 오히려 장점이 되었군."

찬의 말을 들으며 아린은 공동 회장이 되고 오예빈 선생님께 갔을 때 단점이 장점이 된다고 했던 선생님의 말씀이 떠올라 미소를 지었다. 영문을 모르는 찬은 아린을 가만히 쳐다보다가 문득 생각난 듯 말했다.

"그런데 잠깐만! 이상하지 않아? 스포츠 음료 업계 1위였던 퀘이커오츠의 회장은 뭐가 아쉬워서 회사를 판 거야?"

"어, 그러게?"

"업계 1위면 적어도 스포츠 음료 부문에서는 코카콜라를 누르면서까지 계속 돈을 잘 벌었다는 뜻이잖아."

둘은 검색을 해 봤지만 쉽게 이해할 만한 정보를 찾을 수 없었다. 다음날 둘은 선생님께 이 부분은 학생들이 이해하기 힘들 수 있다고 말하면서 물어보았다. 선생님은 자신도 자료 조사할 때 그랬다면서 비밀을 알려 주는 고수의 표정을 지으며 이야기했다.

"퀘이커오츠는 1981년 이후 윌리엄 스미스버그가 줄곧 CEO를 맡았어. 그는 아주 유능했지. 그 사람 덕분에 회사는 10여 년간 승승장구하며 업계 1위가 되었어. 그러다가 야심 찬 성공 전략으로 스내플을 인수했어.”

찬과 아린은 전혀 들어 보지 못한 업체 이름이 나와서 눈만 깜빠였다.

“스내플은 아이스티와 과일 주스를 생산하는 청량음료 회사였어. 이에 비해 퀘이커오츠는 곡물로 만든 시리얼 제품 등으로 유명한 회사였지.”

“엥?”

“언뜻 보면 이해가 안 가는 인수였지만 스미스버그 나름대로는 이유가 있었어.”

“그 이유가 뭔데요?”

“스포츠 음료 회사인 게토레이를 인수해서 성공했으니 이번에도 자신이 성공할 것이라고 생각했던 거지.”

“뭐야, 운동을 잘하니까 리더십 동아리도 잘 운영할 거라고 막 우기는 것과 비슷하잖아요?”

아린이 웃으며 말했다.

“맞아. 사실은 그것보다 더 심각했어. 스미스버그는 자기 분석을 철저히 하지 못했어. 게토레이와 스내플이 생산하는 음료는 전혀 다른 거라는 분석도 하지 못했지. 막대한 돈을 투입해 인수했지만 시간이 갈수록 손실은 커졌어. 그런데도 실수를 만회하기 위해 오히려 더 돈을 쏟아부었어. 스내플을 포기하자고 주장하는 임원은 누구든 해고해 버렸지. 결국 처음 인수한 가격의 20퍼센트도 안 되는 가격에 스내플을 팔고 스미스버그는 은퇴했어.”

아린은 웃으며 선생님 말에 덧붙였다.

"그리고 인드라 누이는 그렇게 손실이 심한 퀘이커오츠를 인수해서 성공하고요. 정말 대단해요."

"두 사람은 리더십에서 차이가 있었던 거야. 너희들이 알게 된 도전 의식과 당당함 말고도 좋은 리더십 요소를 인드라 누이는 갖고 있어. 그것을 찾으라고 과제를 낸 거야. 업체 인수 전략에 대한 공부를 하라는 것은 아니었단다."

선생님은 물론 스미스버그가 강력한 리더십에 대한 잘못된 생각을 갖고 있었고, 자신과 의견이 다른 사람은 내쳤으며, 인간이 아닌 과제 중심으로 조직을 운영하면서 여러 문제를 일으켰다는 말을 하지 않았다. 또한 인드라 누이는 조직 구성원이 자발적으로 의견을 내도록 하고, 구성원이 먼저 '이 일을 하고 싶다.'고 나서면 지원해 주는 분위기를 만들었다는 말도 하지 않았다. 그것이 바로 수행 과제를 통해서 깨달아야 하는 리더십 요소이기 때문이었다.

선생님은 누이가 면접 때나 주요 행사 때 입었다는 인도식 전통 복장에 대해서도 아린의 생각과 달리 경직된 고정관념에서 벗어나 자유로운 분위기를 연출하려는 노력이라고 해석했다. 실제로 인드라 누이는 회장이 된 뒤에도 근엄하게 보이려 하지 않았다. 복장도 자유롭게 하고 다녔고, 행사에서 다른 직원과 마찬가지로 노래자랑을 하기도 했다.

오예빈 선생님은 인드라 누이처럼 학생들이 자기 삶에서 주인된 자세로 살기를 바랐다. 어떤 학생은 인드라 누이가 기업의 사회적 책임에도 관심을 가져 청소년의 건강을 위해 전 세계의 학교에서 고칼로리 청량음료를 팔지 않겠다고 선언한 사례를 분석하며 윤리적 리더십을 이야기할지도 모르지만, 선생님은 그보다도 삶의 주인 된 자세를 찾기를 희망하며 이 과제를 만들었다. 하지만 역시 중학생에게 쉽지 않다는 것을 찬과 아린의 수행 결과로 확인하고 이를 더 보완해야겠다는 생각을 했다.

한편, 학중은 여태까지 받은 플러스 점수를 확인해 보았다. 첫 번째 최악의 리더를 뽑는 과제에서 자신의 조 여섯 명이 플러스 점수를 받았고, 두 번째 아이스 브레이킹 과제에서 아린이 속한 조 여섯 명이 플러스 점수를 받았다. 만약 세 번째 프로그램 기획 과제에서 플러스 점수를 못 받게 되면 해외 연수를 못 갈 수도 있다는 생각이 들었다. 학중은 묘수를 짜냈다.

'만약 2학년이 한 팀이 되어 프로그램을 멋지게 만들면 12명 모두 플러스 점수를 받을 수 있지 않을까? 그래서 모두 다 해외 연수를 갈 수 있으면 더 좋을 것 같은데.'

학중은 아린이 속한 조와 자신의 조를 뺀 다른 조들은 플러스 점수를 받지 못했으니, 두 조가 사이좋게 원래 점수의 반씩만 받게 되어도 연수 대상자로 확정될 것이라 생각했다. 학중은 공동 회장인 찬과 아린에게 자신의 아이디어를 전했다. 찬이 잠시 생각한 다음에 말했다.

"우리만 생각하면 나도 좋지만, 전체 동아리로 볼 때 윤리적으로 문제가 되지 않을까?"

"왜? 더 많은 사람이 창의성을 발휘해서 더 좋은 프로그램을 만들면 원래 과제 목적에도 맞지 않아?"

"그래도 1학년과 3학년들이 도전할 기회를 막는 거잖아. 승패가 정해져서 앞으로 남은 과제를 할 마음이 나지 않을 거야."

"그래. 꼼수를 부린다고 할 거야."

아린도 반대했다. 하지만 학중은 포기하지 않았다.

"그러면 다른 학년도 전체로 모여서 대결하자고 하면 되지."

"대결?"

"어차피 경쟁 아냐?"

"하지만 우리는 하나의 동아리잖아."

학중은 놀랐다. 경쟁에 그렇게 민감하던 아린의 입에서 나올 말이 아니었기 때문이다. 찬이 손뼉을 치며 말했다.

"맞아, 하나의 동아리!"

"아, 깜짝이야."

학중이 짐짓 놀란 척했다.

"우리는 하나의 동아리니까, 선생님께 이번 조별 과제 규정을 좀 바꿔 달라고 하면 어떨까?"

"이제야 내 말을 알아들었군."

학중이 눈을 반짝이며 말했다.

"하나의 동아리로 더 좋은 아이디어가 나올 수 있게, 다른 조의 발표를 잘 듣고 그 조가 더 나아질 수 있는 기획 아이디어를 주는 조에게도 플러스 점수를 주는 거야."

찬의 말을 듣고 학중은 눈을 끔벅거렸다. 선생님이 따로 빌려주는 책들을 찬과 함께 읽은 아린은 무슨 말인지 알아듣고 미소를 지었다.

"기획을 잘한 조에게도 점수를, 그리고 다른 조의 기획을 적극적으로 돕는 조에게도 점수를 주자는 거지?"

"맞아. 이게 경쟁만 하는 것이 아니라 협동도 하는 하나의 동아리에 맞는 모습일 거야."

"솔직히 다른 조의 발표를 듣고 해 주고 싶은 말이 있어도 경쟁이라서 참았던 적이 있었어. 오히려 비판점을 더 찾게 되더라고. 네 말대로 하면 참 좋을 것 같아."

아린의 말에 찬은 수줍은 미소를 지으며 말했다.

"학중이가 아이디어를 줘서 생각한 건데 뭐. 학중이 덕분이지."

"엉, 내 덕분?"

학중은 어리둥절했지만 기분은 좋았다.

"선생님께는 우리 셋이 같이 가서 말하자."

세 사람은 오예빈 선생님을 찾아가서 자신들의 생각을 말했다. 그 말을 듣고 나서 선생님은 칭찬을 아끼지 않았다.

"선생님도 생각하지 못했던 것을 제안하다니. 선생님은 너희들이 너무 대견해."

다음 동아리 시간에 선생님은 바뀐 규정을 말했다. 처음에는 더 복잡해졌다고 생각했던 다른 학생들도 취지에 공감하면서 좋아했다.

"이 모든 게 선생님이 아니라, 여기 세 명의 아이디어예요. 앞으로 다른 학생들도 좋은 아이디어가 있으면 저한테 말해 줘요. 적극 반영할게요."

전체 동아리가 서로의 아이디어에 관심을 갖고 자유롭게 이야기를 나누는 분위기가 만들어지자 창의적인 아이디어가 쏟아져 나왔다. 예컨대 통역으로 여행사 직원이 아니라 주변에서 베트남어를 쓰는 다문화 가정을 찾아 어른이나 자녀 중 또래 학생에게 부탁하면 더 의미가 있을 거라는 식으로 더 세세한 부분까지 짚어 보게 되었다. 모두들 신이 나서 프로그램을 짰다.

　결국 프로그램 기획 과제에서는 3학년 한 조와 아린이 속한 2학년 조가 우승을 했다. 선생님은 떨어진 조의 기획에서도 활용할 것이 많으니 연수 가는 사람들이 꼭 참고해야 한다고 말했다.

셀프 리더십

오예빈 선생님이 인드라 누이와 관련된 수행 과제를 통해 강조하고 싶었던 것은 셀프 리더십이었다. 비록 사례 분석에는 실패했지만 남궁찬과 김아린의 변화를 보면 스스로 리더십을 실행하는 셀프 리더십의 요소를 확인할 수 있다. 또한 오예빈 선생님이 셀프 리더십을 계속 이끌어 가고 있음도 알 수 있다.

셀프 리더십은 조직 구성원의 자기 관리 역량에 중점을 두고 있다. 자율적으로 삶을 살고자 하는 커다란 동기 속에서 창의성을 발휘하며 개인의 만족도를 높여 조직의 성과도 얻게 일을 추진한다.

하지만 셀프 리더십이 항상 효과를 보는 것은 아니다. 조직 구성원이 다음 세 가지 핵심 요소를 갖고 있을 때에야 효과를 거둘 수 있다. 달리 말하면 미래 사회의 조직은 이 세 가지 요소를 갖춘 인재를 뽑으려 하고 있다는 뜻이다. '어떻게든 취업부터 하자.'가 아니라 자신의 미래에 진정한 행복을 줄 수 있는 진로를 찾고 싶다면, 이 내용을 특히 눈여겨보는 게 좋다.

첫째, 자기 이해 능력이다. 자기 이해의 핵심은 자신의 장점과 단점, 성격, 가치관 등의 내면 요소들을 파악하는 것이다. 이것은 파악하는 데서 그치지 않고 그것을 활용하는 자기 주도 능력과도 연결되는 아주 기본적인 능력이다.

그런데 자기를 이해하려면 종교 수행자처럼 참선과 기도를 해야 할까? 거울을 보면서 자기와 대화를 할까? 물론 그것도 도움이 될 것이다. 하지만 어른과 달리 아직 자아 정체성이 이루어지는 과정에 있는 청소년이라면 얼마 지나지 않은 과거를 계속 파고들기보다는 현재의 자기를 가만히 관찰해 보는 방법이 훨씬 도움이 된다.

그렇다면 자기 관찰이라는 것이 무엇일까? 관찰은 상상이 아니다. 예를 들어 '나는 발표를 잘하는 장점을 갖고 싶다.'라는 바람을 확인하는 것보다는 '발표를 직접 해 보니 이런 점이 확인되었다.'라는 식으로 관찰해야 효과가 있다. 즉, 어떤 일을 직접 수행하고 그 결과로 일어난 사항에 대해서 분석해야 한다. 조별 과제에서 자료를 모아서 분석하는 것처럼 꼼꼼하게, 그리고 때로는 다른 사람의 비판과 도움도 받으면서.

둘째, 자기 주도 능력이다. 셀프 리더는 말 그대로 자기 관리자이다. 자기가 갖고 있는 장점과 단점, 성격, 가치관이 잘 발휘될 수 있는 상황은 어떤 것인지 파악해서 가장 좋은 것을 주도적으로 실행하려는 사람이다. 주도란 일방적으로 밀어붙이는 것을 의미하지 않는다. 자기 주도 학습이 단지 교육을 받지 않고 혼자 공부하는 것을 말하지 않듯이, 자기 주도 능력은 본질적으로 더 큰 의미를 갖고 있다. 스스로 주인 의식과 책임을 가지고 행동하는 능력이 자기 주도 능력이다. 주인으로서 삶 전체를 내다보고 자신에게 어떤 과제가 필요하면 실행한다.

만약 학원에 가서 외국어를 배우는 것이 도움이 되면 그렇게 하고, 혼자 공부하는 것이 더 나은 방법이라고 생각하면 그렇게 한다. 다른 사람의 도움 없이 자기가 모든 것을 한다는 의미가 아니다. 자기가 주인 된 자세로 다른 사람과 주어진 일을 대한다는 뜻이다.

셋째, 자기 통제 능력이다. 자기 통제의 핵심은 생각, 정서, 행동의 통제이다. 자기가 원하는 대로 아무 때나 욕망을 표출하는 사람을 대개 '자기 통제가 안 되는 사람'이라고 한다. 반대로 때와 장소를 가리고 때로는 더 큰 가치를 위해 자신의 생각, 감정, 행동을 잘 조절하는 사람을 '자기 관리가 잘되는 사람' 혹은 '자기 통제가 잘되는 사람'이라고 한다. 순간적 생각, 감정으로 잘못된 행동을 해서 주변에 피해를 주거나 스스로 후회할 일을 하지 않는 것이 중요하다. 일부러 돌발 면접을 해 상대방의 평정심을 잃게 해서 그 반응을 살피는 학교와 기업이 있는데, 이것도 자기 통제 능력을 보기 위해서이다.

자기 통제를 잘하려면 무조건 참아서는 안 된다. 스트레스는 언젠가 터지게 되어 있다. 통제는 적절한 방법으로 불상사를 막는 능력이다. 그렇다면 어떻게 통제해야 할까? 예를 들어 순간적으로 화가 난다면? 그냥 공개적인 자리에서 곧바로 표출하기보다는 자신에게 몇 번까지 참을 것인지 스스로 약속을 할 필요가 있다. '세 번은 참자.'라고 약속했다면 실제로 세 번을 참았을 때 자신에게 '대단하다.', '통제력이 있다.'는 내부적 칭찬을 해 줘야 한다. 그래야 무작정 화를 참는 스트레스가 줄어들고 일종의 도전 과제 성취에 대한 만족감이 높아진다.

보상만 있는 것이 아니라 처벌도 있어야 한다. 물론 참는 것 자체가 스트레스인데 처벌 위주로 하는 것은 바람직하지 않다. 보상 위주로 자기 통제 계획을 만들지만, 그 계획을 어겼을 때는 스스로 따끔한 처벌을 내려야 한다. 스트레스를 받은 상태에서 처벌을 정하면 너무 극단적으로 정하게 될 위험이 있으므로 피해야 한다. 그와 반대로 처벌 자체가 너무 관대하면 쉽게 어기게 되어 효과가 없다.

그리고 처벌 규칙은 사전에 정해야 한다. 목표를 이루지 못했을 때 볼 메시지를 미리 작성해 놓고 그런 일이 발생했을 때 읽는 것이 좋다. 스마트 기기나 컴퓨터를 이용해서 알람 메시지로 특정 시간에 띄우게 하면 초심으로 돌아가서 실행률이 더 좋아진다.

아니면, 자신이 평소 지지하지 않는 모임에 돈이 기부되도록 예약을 미리 걸어 놓거나 SNS에 약속을 하고 인증샷을 올리는 식으로 하는 것도 좋다. 예를 들어 페미니즘을 지지하는 학생이 게임 하루 1시간만 하기를 약속했다고 하자. 그 약속을 이행하지 않을 경우 일정 금액을 페미니즘에 반대하는 모임에 후원금으로 보낸다고 미리 정해 놨다면 어떨까? 약속을 지키기 위해 더 노력하지 않을까?

혹은 자신이 하기 싫어 하는 특정 행동을 공개적으로 하겠다고 공약하는 식으로 정서적인 타격이 있을 만한 것을 정할 수도 있다. 처음에는 실패했더라도 그 충격을 잊지 못해 다음 도전에서는 더 바짝 노력하게 될 것이다.

10 회장 선거

동아리 회장 선거

저와 비슷한 학생들의 심정을 누구보다 더 잘 이해하면서 이끌어 가겠습니다.

능력보다 도전의식이 더 중요하다고 생각합니다. 세계 도전할 수 있는 기회를 주십시오!

짝짝짝!

회장이 될 깜냥도 안 되기 때문에

저보다 능력있는 후보자들의 의견을 잘 듣겠습니다.

하하하!

우리 모두 낙선

그래도 이번에 배운게 많아.

떡볶이 어때? 셀프 위로 차원에서…

기말고사가 끝나고 1학기도 마지막을 향해 달려갔다. 리더십 동아리는 1학기 마지막 시간에 새로운 2학기 회장을 뽑기로 했다.

"자, 회장 하기 싫은 사람 손들어 봐요."

오예빈 선생님의 말에 절반 정도 되는 학생이 손을 들었다. 지난번보다 숫자가 많아졌다. 하지만 적어도 의견을 확실히 밝히는 모습에 선생님은 미소를 지었다. 손을 든 사람들은 대부분 회장을 안 맡아도 팀원으로 열심히 동아리 활동을 할 의지가 있는 학생이었다. 선생님은 그 학생들에게 교실 뒤편으로 가 있으라고 말했다.

"자, 그럼 회장을 하고 싶은 사람 손들어 봐요."

첫 시간보다 훨씬 많은 학생이 손을 들었다. 여전히 손을 들지 않은 학생들도 있었다.

"회장을 하고 싶은 사람은 칠판 앞으로 나와요."

남궁찬, 김아린, 김학중을 비롯해 예전에 나오지 않았던 학생들까지 우르르 나와서 교실 앞이 꽉 찼다.

"자, 이 친구들이 출마를 한 이유와 공약을 들어 볼 거예요. 이렇게 서 있을 수는 없으니 앉아 있는 친구들은 일단 맨 뒤로 가 주세요."

선생님은 칠판 앞에 서 있는 학생들을 앞자리부터 앉도록 했다. 그리고 교실 뒤편에 서 있는 학생들을 그 다음 자리부터 앉도록 했다. 후보자가 많아 출마의 변은 2분 정도로 제한했다. 여전히 거래적 리더십의 공약을 펼치는 후보자도 있었지만, 윤리적 리더십과 팔로어십을 내세우는 후보자도 있었다.

찬의 차례가 되었다.

"저는 다 아시다시피 처음에 회장을 안 하려고 했던 사람입니다. 그런데 김아린과 선생님의 배려로 공동 회장을 맡으면서 좋은 경험을 했습니다. 이 경험을 다른 학생들도 할 수 있으면 좋겠다고 생각해 회장 선거에는 나서지 않으려고 했습니다."

잠시 뜸을 들인 다음 찬이 이야기를 이어 나갔다.

"그런데 제가 깨닫고 배운 것을 가장 잘 실천하면서 더 성장할 수 있는 길이 무엇일까 생각해 보다가 출마를 결심하게 되었습니다. 남에게 등 떠밀려서가 아니라 저 스스로 선택해서 회장을 하면, 저와 비슷한 학생들의 심정을 누구보다 더 잘 이해하면서 동아리를 이끌어 나갈 수 있을 거라는 생각에서입니다. 저의 단점을 단점으로 보지 마시고, 더 잘할 수 있다는 장점으로 봐 주시기를 부탁드립니다."

찬의 진심 어린 이야기에 모두 마음이 움직였다.

다음은 아린의 차례였다.

"저는 첫 번째 과제에서 드러난 것처럼 원래 조장도 과분했던 사람입니다. 그런데 리더십 동아리 시간을 통해 리더십의 요소를 하나씩 배우게 되었어요. 물론 아직도 많이 부족한 게 사실입니다. 지금까지 나온 후보를 보면 저보다 뛰어난 사람이 많습니다. 하지만 저처럼 부족한 사람을 회장으로 뽑아 주신다면 실수를 통해서 배우고 더 많은 것을 느끼고 체험할 수 있는 기회가 있을 것입니다. 저는 1학기 내내 그랬던 것처럼 실패해도 도전을 멈추지 않을 것이기 때문입니다."

아린은 더욱 힘을 주어 말했다.

"리더십은 도전 의식이 실무 능력보다 더 중요하다고 저는 생각합니다. 오예빈 선생님이 처음에 동아리 회장을 새로운 방식으로 정하시고, 특별한 과제들을 내어 주신 것도 리더십 동아리에 가장 중요한 것이 도전 의식이기 때문이 아닐까요? 저 자신만이 아니라 리더십 동아리 자체가 편안함에 안주하지 않고 새롭게 도전할 수 있는 기회를 함께 만들어 주시기 바랍니다."

아린의 발표를 들으며 학생들의 시선이 잠깐 자신에게 쏠리자 오예빈 선생님은 미소를 지었다. 당당하면서도 겸손한 아린의 발표에 학생들의 마음이 움직였다.

여러 학생의 발표가 이어지고 나서 학중의 차례가 되었다.

"저는 지금까지 후보자분들의 발표를 들으며 '정말 다 나름대로 출마의 이유가 있고, 멋진 리더십을 갖고 있구나.' 생각했습니다. 그러면서 누가 회장을 해도 좋겠다는 생각이 들었습니다. 그때 제 머리를 땅 하고 치고 간 것이 있습니다."

학중은 홈 쇼핑의 쇼호스트가 물건을 비교 설명할 때처럼 자세를 취하며 말했다.

"이렇게 훌륭한 후보 중에 한 명이 회장이 되고 나머지는 경쟁에서 진 아쉬움을 갖고 동아리 활동을 하는 것이 나을까, 아니면 애초에 당선 가능성은 별로 없었던 사람이 회장이 되어 동지와 같은 마음으로 이 훌륭한 후보들을 하나로 모아 성과를 내는 것이 좋을까."

학중의 말은 여태까지 진지했던 출마의 변과는 달라 학생들 사이에서 웃음이 터져 나왔다.

"여러분도 아시다시피 저는 취미가 여러 가지여서 다양한 상황에 잘 맞출 수 있고 친화력도 좋습니다. 경쟁을 하느라 생긴 갈등과 상처를 봉합하는 것도 잘할 것입니다. 애초에 저는 회장이 될 깜냥이 안 되었기에 저보다 능력 있는 후보자들의 의견을 잘 들을 것입니다. 그분들이 말씀하신 공약도 제가 대신 실행하려 노력할 것입니다. 저를 뽑으면 여러분이 원하는 후보자들을 다 뽑는 것과 같은 효과를 얻으실 것입니다."

학중은 이야기를 덧붙였다.

"후보자들이 저마다 자기 자신에게 표를 던진다고 볼 때, 결과는 결국 뒤에 계신 여러분들에게 달렸습니다. 이것을 저는 누구보다도 잘 압니다. 그러니 저를 뽑아 주시면 누구보다도 더 잘하겠습니다."

학중은 학생들의 큰 박수를 받으며 이야기를 마쳤다. 개중에는 장난기 넘치는 호응도 끼어 있었다. 다음 후보들도 저마다 자신의 진심을 담아 이야기를 했다. 결국 마지막 수행 과제에서 다른 조의 기획에 가장 적극적으로 도움을 줬던 3학년 학생이 회장으로 당선되었다. 찬과 아린, 학중도 표를 좀 받긴 했지만, 말보다는 행동으로 더 많은 것을 보여 준 학생이 당선되었기에 모두 기쁜 마음으로 축하의 박수를 보냈다.

선생님은 새로 회장에 당선된 학생의 소감을 듣기 전에, 1학기 공동 회장이었던 남궁찬과 김아린의 소감을 듣자고 했다. 아린이 먼저 말했다.

"저는 선생님이 권해 주신 책을 보고 과제를 도우며 많이 배웠습니다. 그래서 선생님 가까이에서 더 배우고, 팀원들에게 더 다가갈 수 있는 회장이 되고 싶었던 거예요. 저는 그 마음 그대로 더 많이 배우고 실행하기 위해 새로운 회장님을 적극 도울 거예요. 그리고 저에게는 1년이 더 남아 있잖아요? 내년에도 이 동아리에 들어서 계속 도전하겠습니다."

학중이 장난스럽게 질문했다.

"그때도 동아리를 추첨으로 뽑으면요? 그래서 추첨에서부터 떨어지면요?"

"그러면 다른 동아리에 가서도 리더십을 더 고민하고 실행할 거예요. 결국 중요한 것은 저 자신의 선택이니까요."

학생들은 리더십 도전에 대한 아린의 진심을 다시 한 번 느꼈다. 이제 찬이 소감 발표를 하기 위해 앞으로 나왔다.

"저는 정말 많이 변했습니다. 어디서든 있는 듯 없는 듯했던 제가 자신감 있게 행동하게 된 것이 가장 좋았습니다. 회장에서 물러나서 서운하지만 한편으로는 다행이라는 생각이 듭니다."

"왜죠?"

선생님이 물었다.

"드러나지 않는 곳에서 제가 좋아하는 서번트 리더십을 계속 연습할 수 있으니까요."

찬의 대답에 선생님은 환한 미소를 지었다. 찬은 계속해서 말했다.

"저는 해외 연수 대상자에 선정되든 되지 않든 우리 동아리 회원들이 잘해 낼 수 있도록 도울 것입니다. 힘든 일이 있으면 선생님뿐만 아니라 새로운 회장님, 그리고 전 회장이었던 저에게도 상의해 주세요."

학생들은 찬에게 큰 박수를 보냈다. 새로운 회장이 나와서 차분하게 각오와 소감을 밝히는 것으로 1학기 동아리 시간은 마무리되었다. 하지만 학생들은 쉽게 자리를 뜨지 못했다. 여름 방학 과제를 나눠 주는 선생님 주변에서 계속 서성거리며 물색없는 웃음을 짓거나 장난을 쳤다.

2학기가 되고 베트남 연수 프로그램 기획을 더 세밀하게 짜는 수행 과제가 계속되었다. 10월에 연수 대상자가 최종 선정되었다. 과제 점수를 잘 받았던 2학년들이 많이 포함되었다. 그중에는 찬과 아린, 학중도 있었다. 잠정 보류되었던 교육청의 지원금도 받게 되어 더 많은 학생이 함께 갈 수 있었다. 학부모 지원 팀 중 한 명으로 찬의 엄마 민화순 씨도 함께 가게 되었다. 오예빈 선생님은 해외 연수 사전 교육 시간에 동행하는 학부모들과 선생님 모두에게 이렇게 말했다.

"어른들은 안전 관리 문제에 더 신경 써 주세요. 이번 연수 프로그램이 리더십을 위한 것이니 학생들이 중간에 실수를 해도 스스로 해결할 수 있도록 믿고 봐주시기 바랍니다. 만약 이 기본 원칙을 어기시면 제가 강력하게 제재를 할 것입니다. 어디까지나 여러분은 지원 팀이라는 것을 잊지 말아 주세요. 이 말은 저 자신에게도 다시 한 번 다짐하기 위해 하는 말이랍니다."

선생님과 눈이 마주친 화순 씨는 미소를 지으며 고개를 끄덕였다. 화순 씨는 찬의 변화를 보면서 이미 많은 것을 느끼고 있었다.

연수 프로그램은 학생들이 저마다 역할을 맡아 주도적으로 진행하도록 정했다. 사진도 학생들이 찍고, 동영상도 학생들이 만들기로 했다. 통역은 교육청에서 섭외해 준 다문화 가정의 베트남 출신 어머니가 담당하기로 했지만, 학생들은 기본적으로 영어를 쓰고 진심이 담긴 행동으로 소통을 하리라 기대하고 있었다. 한국에 온 외국인들이 한국어를 잘하지 못해도 손짓 발짓으로 서로 즐거운 시간을 보내는 모습을 텔레비전에서 봤던 것처럼.

드디어 베트남으로 떠나는 날, 아린은 탑승 대기실에 앉아 생각에 잠겼다. 연수 프로그램이 완벽하게 진행되면 좋겠지만 실수가 있어도 나름 재미있을 것이라는 생각을 하며 자기 자신의 변화에 미소를 지었다. 찬은 함께 가지 못하는 친구들이 부탁한 선물 목록을 보면서 한숨을 지었다. 학중은 멋진 로맨스를 꿈꾸며 미소를 지었다.

그때 비행기 탑승이 시작됐다. 처음에는 원하지 않았던 곳이라 불만을 내비치기도 했지만 이제는 더 좋은 연수가 될 거라는 생각에 모두들 가슴이 뛰었다. 찬과 아린과 학중은 비행기 자리에 앉기 전에 오예빈 선생님께 감사 인사를 드렸다. 선생님은 오히려 자신이 더 고맙다고 말했다.

"혼자서는 이렇게까지 못했을 거야. 다 너희들 덕분이야."

잠시 후 한껏 들뜬 학생들을 태운 비행기는 낯선 곳을 향해 떠올랐다. 그것은 두려움이 아니라, 기분 좋은 떨림으로 학생들에게 다가왔다.

부록

오예빈 선생님의 2학기 리더십 교재

1. 자기 이해 능력

셀프 리더십을 실행하기 위해 자기 이해 과정을 거쳐 자신이 얼마나 약한지를 알게 되었다고 하자. 그 경우 강자들이 경쟁하는 세상 속에서 리더가 될 수 있을까 의심하는 것은 당연하다. 다음에 그 의심을 풀어 줄 대표적 사례를 들어 본다.

미켈란젤로의 조각상 〈다비드〉를 보면 어깨 위에 올린 다비드의 왼손에 조그만 주머니 같은 것이 들려 있다. 그것은 돌팔매질할 때 쓰는 '무릿매'이다. 무엇인지 모르겠다고? 여러분뿐만 아니라 다윗(다비드의 히브리어)을 처음 본 골리앗도 마찬가지였다. 거인 골리앗은 전장에서 갑옷도 입지 않은 소년이 최고 장수인 자신을 상대로 양을 지킬 때나 쓰는 물건으로 대체 무엇을 하려는지 감을 잡지 못했다.

다윗은 땅에 굴러다니는 돌멩이 다섯 개만 챙겼다. 양치기 소년의 손에 잡힐 정도이니 그 크기는 크지 않았다. 그리고 그 돌 멩이를 골리앗의 이마에 정확히 맞췄다. 뜻밖의 일격을 당한 골 리앗은 한 방에 쓰러지고 말았다. 다윗이 달려가 골리앗을 밟고 선 채 골리앗의 칼집에서 칼을 뽑아 그의 목을 베었다.

사울왕은 다윗을 불러 어떻게 싸워서 이겼느냐고 물었다. 예 상 밖의 승리에 흥분해서 사람들이 깜박 잊은 것이 있었다. 다윗 은 원래 양치기 소년이었다. 골리앗과 달리 다윗은 전장에서 칼 을 휘두르며 싸운 경험이나 기술이 아예 없었다. 그 대신 다윗은 자신이 무엇을 잘하는지는 확실히 이해하고 있었다. 그것은 돌 팔매질로 맹수를 쫓아 양을 구한 경험과 기술이었다. 그리고 승 리했다. 나중에 다윗은 왕이 되어서도 자기 이해를 바탕으로 리 더십을 발휘하며 좋은 평가를 받았다. 이렇게 약자가 강자를 이 기는 놀라운 성공은 성경에나 나오는 이야기일까?

보스턴 대학에서 국제관계학을 가르치는 정치학자 이반 아 레귄토프트는 무력과 인구수에서 적어도 열 배 정도 차이 나는 상대방과 싸운 약자들을 중점적으로 분석했다. 그 결과 강자가 71.5퍼센트 승률로 약자를 이겼음을 통계적으로 확인했다. '역 시나 약자보다는 강자에게 유리한 세상이야.'라며 실망하기에 는 이르다. 이 통계의 의미를 뒤집어 보면 다른 해석을 할 수 있 다. 약 세 번 중 한 번은 그런 열 배 차이 나는 엄청난 강자와 맞 붙어 약자가 이겼다는 말이 된다. 즉, 다윗이 골리앗을 이길 확 률은 28.5퍼센트였던 것이다. 적어도 네 번 중 한 번은 너끈히 이길 수 있는 확률이다.

아레귄토프트 교수는 약자가 이긴 사례들을 좀 더 면밀히 분석했다. 약자가 자신의 약점을 인정하고 기존의 방식이 아닌 창의적인 전략을 짠 경우에는 승률이 63.6퍼센트로 치솟았다. 네 번이 아니라 두 번 중 한 번은 확실히 이길 수 있는 확률이다. 다른 분야도 아닌 전쟁에서는 무력이 중요 요소로 작용할 수밖에 없다. 그런데 전력이 열 배 이상 차이 나는 상황에서 어떤 전략을 선택하느냐에 따라 이런 수치가 나왔다니 정말 놀라운 일이다.

약점이 있는 것 자체가 문제는 아니다. 약점을 인정한다며 쉽게 포기하는 것이 문제이다. 약자가 약점을 인정하고 자신의 약점을 보완하면서 장점을 극대화한 경우에는 이길 수 있었음을 무시하는 것이 문제이다.

자신이 약하다고 도전을 멈추지 말자. 도전을 계속하다 보면 자신에게 맞는 도전을 통해 놀라운 성공을 거둘 수 있다. 도전을 두려워하면 그 어떤 변화도 가져오지 못해서 결국 걱정했던 대로 실패하게 된다. 다윗도 뜻한 바 있어서 전장에 나간 것이 아니다. 군대에 간 아들들을 걱정한 아버지가 막내인 다윗에게 형들이 잘 지내고 있는지 살피고 먹을 것을 가져다주라는 심부름을 시켜서 길을 떠났던 것이다. 만약 다윗이 어린 자신에게 전장은 위험한 곳이라며 피했다면? 놀라운 승리도 이룰 수 없었을 것이다.

강자에게 유리한 세상이기는 하다. 강자가 더 승률이 높다. 하지만 도전하면 약자도 성공할 수 있는 세상이다. 더구나 약자가 자기 이해를 잘하면 승률은 절반이 넘는다. 성공을 바란다면 자기 이해에 더 집중해야 한다.

심리학자는 자기 이해를 돕기 위해 성격을 연구한다. 최근 심리학에서는 '5요인 성격 이론'이 주목받고 있다. 이 이론은 사람의 성격 요소 중 많은 부분이 변하지 않고 지속되는데, 대다수의 사람에게서 정도의 차이가 나타나는 5가지 요소가 있다고 주장한다. 그것은 외향성(Extraversion), 개방성(Openness), 친화성(Agreeableness), 신경증(Neuroticism), 성실성(Conscientiousness)이다. 외향성이 적은 사람은 내향적인 사람, 개방성이 적은 사람은 폐쇄적인 사람으로 판정하는 식으로 5요인을 이용해 다양한 사람의 성격을 설명한다. 비교하자면 가장 보편적인 심리 검사인 MBTI는 인간의 성격을 16개로 나눠서 설명한다. 여기에서는 이런 성격 이론 중에서 가장 핵심적인 세 개만 골라 자기 이해를 돕고자 한다.

첫째, 외향성 차원으로 나눌 수 있는 성격 유형이다. 외향성은 그 역사가 가장 길고 타당성도 가장 높다. 외향성은 정신분석학자이자 분석심리학을 창시한 카를 구스타프 융이 제안한 개념으로, 심리적 에너지가 주로 밖으로 향하는 성향을 말한다. 외향적인 사람은 자신의 감정을 솔직하게 표현하고, 다른 사람의 관심을 끌고 싶어 하고 사람 사귀기를 좋아하는 성격을 갖고 있다. 반대로 내향적인 사람은 심리적 에너지가 안으로 향해 있는 사람이다. 속으로 생각하기를 좋아하고, 대인 관계를 힘들어하고, 자신의 의견을 드러내는 데 소극적이다. MBTI에도 외향성 진단 항목이 포함되어 있다.

둘째, 자기 이해에 도움이 되는 또 다른 요소로 인식 과정을 들 수 있다. MBTI에서도 인식 과정을 감각(Sensing)과 직관(Intuition)으로 구분하여 사람들이 사물, 다른 사람, 사건, 생각들을 인식할 때 나타나는 차이점을 이해할 수 있도록 해 준다. 감각과 직관은 정보 수집에 관한 문제이다. 감각형 사람이 주로 구체적 신체 기관을 통한 오감에 의존하는 데 비해, 직관형 사람은 추상적인 육감에 의존한다. 감각형이 경험할 수 있는 과거와 현재를 중시한다면, 직관형은 미래를 중시한다. 그래서 직관형이 더 모험 지향적인 선택을 하기도 한다.

또한 감각형은 불확실하거나 애매한 것을 참지 못한다. 구체적 분석을 통해 꼭 확실하게 그 실체를 파악해야 직성이 풀린다. 반대로 직관형은 애매모호한 것도 잘 받아들인다. 오히려 그 애매모호한 것에서 새로운 것을 발견하기 좋아한다. 그 대신 이미 알고 있는 것에 대해 반복해서 듣거나 반복적인 과제를 처리하는 것은 싫어한다. 우리나라 사람들의 경우 감각형과 직관형의 비율이 8 : 2 정도라고 한다. 재미있는 것은 높은 지적 능력이 필요한 직업이나 학문 분야일수록 직관형의 비율이 더 높다는 점이다. 이것은 직관형의 사람이 경쟁력을 가질 수 있다는 말이기도 하다.

셋째, 자신이 어떻게 판단하는지 알아보는 것도 자기 이해를 위해 중요하다. 판단 과정은 이성적 사고(Thinking)와 감정(Feeling)으로 구분한다. 이성적 사고형의 사람들은 모든 결정을 내릴 때 원리, 원칙, 규정을 중시한다. 이 유형의 사람들에게는 매뉴얼이 아주 중요하다. 만약 이성적인 사람이 많은 조직이거나 이성적 판단이 필요한 상황인데 리더가 감정적으로 판단한다면 실패할 수밖에 없다.

감정형 사람들은 의사 결정과 관련된 상대방의 감정이나 가치 등 당시의 상황이 더 중요하다. 이성적 사고형의 사람들에게 이런 감정형 사람들은 일 처리가 너무 무르고 부정확한 것으로 보인다. 반대로 감정형 사람들은 이성적 사고형의 사람들을 비인간적이고 냉정한 사람이라고 평가하게 된다. 어떤 심각한 재난 상황이 벌어졌는데, 곧바로 피해자 유가족에게 지불할 보상금을 발표하는 리더라면 성공하기 힘들 것이다. 자신이 감정형이라면 감정적으로 일을 처리했을 때 더 좋은 결과가 나는 쪽의 진로를 선택하면 일의 만족도도 높고 성공할 확률도 높다.

그런데 자기 이해가 어떻게 문제 해결에 도움이 될까? 앞의 다윗을 예로 들어 보자. 다윗은 기본적으로 적을 쓰러뜨릴 수 있는 정보가 없었다. 다른 사람들도 골리앗과 대적해서 실패한 경험만 이야기할 뿐이었다. 그런데 다윗의 성향은 양치기로서 가만히 앉아서 생각하기를 좋아하는 식으로 내향적이었다. 그리고 무기도 으레 생각하듯 칼이나 창이 아니라 돌멩이를 골랐을 정도로 직관적이었고, 골리앗이 힘자랑을 하면서 도발하는 것을 참지 못하고 나설 정도로 감정적이었다. 장수로서는 단점이 될 수 있는 내향적, 직관적, 감정적 성향이었지만, 그 요소들을 결합해 자신이 가장 잘할 수 있는 방법을 찾아 실천했다.

또 다른 예로 나폴레옹은 땅딸보에 보잘것없는 군인이었지만,

외향적이었고 직관적이었고 이성적이었다. 그래서 항우처럼 직접 적의 장군과 힘 대결을 하지 않았다. 그 대신 남다른 직관으로 얻은 지략을 무기 삼아 대결했다. 덕분에 프랑스 군대를 유럽 최고의 군대로 만들었으며, 자신도 황제의 자리에 올랐다. 나폴레옹이 자기에 대한 이해를 잘못해서 군인이면 으레 몸이 좋아야 한다며 신체적 힘을 더 키우려 노력했다면 어떻게 됐을까?

이렇듯 자기 이해는 중요하다. 고대 철학자 아리스토텔레스가 말했듯이, 우리는 "바람의 방향을 바꿀 수는 없지만 돛을 올바른 방향으로 향하게 할 수는 있다."

자신의 성향을 확실히 알고 싶은 독자를 위해 간단한 심리 검사를 준비했다. 다음 설문지에 솔직하게 답을 하기만 하면 된다. 각 문항은 옳고 그름을 나누는 내용으로 되어 있지 않다. 너무 깊게 생각하지 말고 자연스럽게 답해 보자.

다음 각 문항에 대해서 동의하는 정도를 1~5점으로 평가해 주세요.
점수는 각 문항 앞의 _____ 에 적으세요.

1	2	3	4	5
절대 그렇지 않다	그렇지 않은 편이다	보통이다	약간 그렇다	확실히 그렇다

* '절대 그렇지 않다'의 경우 1점, '확실히 그렇다'의 경우 5점.

~~~~~~

_____ 1. 나는 먼저 행동한 후에 생각한다.

_____ 2. 나는 속으로 생각하기를 좋아한다.

_____ 3. 나는 다른 사람과 함께 시간을 보내는 것이 불편하다.

_____ 4. 나는 다른 사람과 직접 얼굴을 맞대고 대화하는 것을 좋아한다.

_____ 5. 나는 판단을 할 때 직관에 의존한다.

_____ 6. 나는 판단을 하기 전에 사실 여부와 정보 출처를 반드시 확인한다.

_____ 7. 나는 논리적이고 체계적인 방법으로 결정한다.

_____ 8. 나는 합리적 이유보다 그 결정이 옳다고 느껴지는 것이 더 중요하다
고 생각한다.

_____ 9. 나는 다양한 일을 하는 것을 좋아한다.

_____ 10. 나는 한 가지 일에 집중하는 것이 좋다.

_____ 11. 나는 다른 사람들로부터 '대하기 어려운 사람'이라는 말을 듣는다.

_____ 12. 나는 다른 사람들로부터 '항상 바쁜 사람'이라는 말을 듣는다.

_____ 13. 나는 신중하게 계획을 세운다.

_____ 14. 나는 충동적으로 구매한다.

_____ 15. 나는 여행을 가도 아침에 홀로 조용히 산책하며 이것저것 생각하는
게 좋다.

_____ 16. 나는 여행을 가면 사람들과 부지런히 어울리며 즐거운 시간을 가지
려 노력한다.

_____ 17. 나는 큰 흐름을 잘 보지만 세세한 것은 잘 챙기지 못한다.

_____ 18. 나는 세세한 것은 잘 보지만 큰 흐름을 잘 보지는 못한다.

_____ 19. 나는 내가 알고 있는 지식을 실제로 적용해 보는 게 좋다.

_____ 20. 나는 문제를 해결할 때 기존의 방법과 다른 새로운 가능성을 탐색해
본다.

_____ 21. 나는 비합리적인 논리를 금방 알아낸다.

_____ 22. 나는 나의 감정에 따라 결정을 내린다.

_____ 23. 나는 다른 사람들을 엄격하게 다루며 관리하는 것이 좋다.

_____ 24. 나는 다른 사람들과 공감하면서 관리하는 게 좋다.

_____ 25. 나는 짧고 요약된 의사 소통을 선호한다.

_____ 26. 나는 사람들이 장황한 이야기 속에서도 어떤 도움을 필요로 하는지
금방 알아낸다.

_____ 27. 나는 논리적인 토론을 선호한다.

_____ 28. 나는 사교적인 수다를 선호한다.

_____ 29. 나는 어떤 일이 벌어졌을 때 사람들의 감정에 대해서 주로 생각한다.

_____ 30. 나는 인간관계에 대해서 감정보다는 논리적인 이유를 따진다.

채점 방법

  각 성향별 문항은 아래 표의 내용과 같이 분류될 수 있다. 각 성향에 해당하는 문항의 점수를 합해서 더 높은 점수를 받은 성향이 여러분의 지배적 성향이다. 단, 이것은 세밀한 통계 처리를 통해 분류한 것은 아니므로 절대적으로 생각해서는 안 된다. 가령 총점 차이가 1~2점밖에 나지 않는다면 여러분 자신이 믿고 있는 여러분의 성향이 더 옳을 수 있다. 반대로 총점 차이가 많이 난다면 점수가 높은 쪽을 여러분의 주된 성향으로 이해해도 큰 무리가 없다.

구분	외향성	내향성
문항 번호	1, 4, 9, 12, 16	2, 3, 10, 11, 15

  앞서 설명한 것처럼 사람들은 성격에 따라 에너지 발산과 수집의 원천이 다르다. 외향적인 사람은 밖으로 에너지를 발산하고, 내향적인 사람은 내면 세계를 탐색하는 등 자기 안에서 해결을 하려고 한다. 각 문항 내용을 자세히 비교하면 이런 특성이 반영된 것을 확인할 수 있을 것이다.

  지배적 성향을 알기 위해서는 각 지표의 총점을 비교하면 된다. 예를 들어 외향성 문항에 해당하는 점수를 합친 값이 10점이고 내향성 문항의 점수를 합친 값이 16점이라면, 여러분의 성향은 내향적이라고 할 수 있다. 만약 두 성향 사이의 점수가 별

차이가 없다면 아직 지배적 성향이 나타나지 않은 상태이다. 상황에 따라 적절한 것을 선택하는 식으로 자기 계발을 하는 것도 좋다.

구분	직관	분석
문항 번호	5, 7, 14, 17, 20	6, 8, 13, 18, 19

각 문항의 내용을 통해 직관과 분석적 사고 성향의 차이를 좀 더 자세히 확인할 수 있었을 것이다. 채점은 앞에서 했던 요령과 같다. 예를 들어 직관의 각 문항에 해당하는 점수를 합친 값이 12점이고, 분석 문항의 점수를 합친 값이 18점이라면 여러분의 인식 성향은 감각에 바탕을 둔 분석을 선호하는 사람이라고 할 수 있다.

구분	이성	감정
문항 번호	21, 23, 25, 27, 30	22, 24, 26, 28, 29

이성적 사고형과 감정형의 구분도 마찬가지이다. 채점은 앞에서 했던 요령과 같다. 예를 들어 이성적 사고의 각 문항에 해당하는 점수를 합친 값이 10점이고, 감정 문항의 점수를 합친 값이 16점이라면 여러분의 판단 성향은 감정적 판단을 선호하는 사람이라고 할 수 있다.

그런데 이렇게 점수로 알아보는 것 말고 자기 관찰을 통해서도 성향을 확인할 수 있다. 이 설문의 20번까지는 여러 차원의 문항이 섞여 있는데, 21번부터는 사고와 감정을 차례대로 묻다가 마지막에는 감정을 묻는 문항이 먼저 나오는 것이 논리적으로 불편하다고 여겨지면 이성적 사고를 더 선호하는 사람이다. 문항의 배열이 나름대로 심리적으로 편하게 하는 효과가 있다고 느낀다면 감정적 판단을 더 선호하는 사람이다.

자기 이해를 하면 이를 바탕으로 문제 해결 전략을 짤 수 있다. 만약 자신의 내향적인 성향이 효과적인 상황이라면 더 집중해서 도전하면 된다. 만약 그렇지 않다면 실패할 가능성이 높으니 다음 기회를 도모하며 에너지를 아끼는 것이 좋다.

역사상 가장 짧은 기간에 가장 넓은 영토를 정복한 칭기즈칸도 전세가 불리하면 강과 계곡으로 몸을 숨겼다. 어릴 적 적들을 피해 오난강에서 물고기를 잡아먹으며 몇 년간 연명하기도 했고, 여러 번 아내인 부르테를 두고 급하게 몸을 피해 다른 사람에게 아내를 빼앗기기도 했다. 적에게 잡혔을 때는 숨죽이고 있다가 탈출을 했다. 심지어 목에 칼을 찬 채로 도망쳐 더운 여름날 양털 더미 속에 숨어 있기도 했다. 만약 칭기즈칸이 혈기를 누르지 못하고 전사로서의 명예 운운하며 막무가내로 도전했다면 우리가 기억하는 정복자 칭기즈칸은 없었을 것이다.

칭기즈칸은 항우처럼 순간적인 감정에 휘둘리는 사람이 아니라 냉정한 사고를 하는 사람이었다. 포위를 당했을 때 칭기즈칸은 눈물을 머금고 형제같이 지내던 결사대 100명을 적진으로 보내 적의 심장부를 한 번에 관통시켰다. 그 과정에서 결사대는 모두 죽었다. 하지만 적의 핵심 전력도 1000명 가까이 죽었다.

그런 혼란을 틈타 칭기즈칸은 여자와 아이들과 함께 도망쳤다. 그리고 다음 기회를 도모해 더 큰 목표를 이뤘다.

자신에 대한 이해가 있으면 자기의 장점이 맞아떨어지는 상황을 기다리고 그런 상황이 왔을 때 적극적으로 활용하는 지혜를 발휘할 수 있다. 시중에 나와 있는 리더십 관련 책을 보면 "내성적인 사람이 더 좋은 리더"라거나 "외향적인 사람이 더 쉽게 리더로서 성공한다."라는 식의 주장을 담고 있는데, 기본적으로 둘 다 맞는 말이다. 단, 자세히 살펴보면 내성적인 사람이나 외향적인 사람이나 자기 이해를 바탕으로 각각 더 좋은 리더가 될 수 있는 상황을 골랐다는 것이다.

불확실성이 많은 조직에서는 직관적인 리더가 큰 힘을 발휘한다. 그런 곳에는 직관적인 사람이 도전해야지, 분석적인 사람이 도전하면 노력에 비해 결과가 좋지 않을 가능성이 크다. 반면 안정적이고 체계적인 조직에는 분석적인 사람이 도전하면 좋다. 예술 계통에도 이성이 필요하기는 하지만 감성적인 비중이 더 높은 사람이 도전하면 빛을 볼 확률이 높다는 사실을 이해하고, 사회적 요구와 자기 이해를 일치시키려 노력하면 좋은 리더로서의 길을 갈 수 있다. 반면, 리더십 캠프에서 특정 리더의 사례를 듣고 자기 이해 없이 그 사람의 특성만을 흉내 내는 사람은 도저히 좋은 결과를 얻을 수 없을 것이다.

2. 의사 결정 능력

'리더'라고 하면 꼭 함께 떠오르는 단어가 있는데, 바로 '의사 결정'이다. 현대의 인드라 누이와 스티브 잡스뿐만 아니라 고대의 김수로왕, 세종대왕 등 많은 리더들의 사례를 보면 그들이 그저 운이 좋은 것이 아니라 남다른 의사 결정 능력으로 성공했음을 알 수 있다.

의사 결정을 어떻게 잘하느냐 하는 것은 문제 상황에 따라 다를 수 있다. 조직 내부의 불만을 잠재우는 전략과 조직 외부의 문제로부터 생긴 위기에 대처하는 전략이 같을 수는 없다. 학교의 리더와 기업의 리더, 또는 군대의 리더가 똑같은 의사 결정을 하면 어떻게 될까? 학교의 리더가 학생과 학부모를 엄격한 규율로 통제하는 방식으로 의사 결정을 계속 한다면, 그 리더는 제대로 성공할 수 없을 것이다. 반대로 군대의 리더가 규율을 강조하지 않기로 의사 결정을 한다면 그것도 성공할 수 없음은 뻔한 사실이다.

이 책에서 여러 장에 걸쳐 살펴본 것처럼, 각각의 리더십이 효과적인 상황이 서로 다르다. 그리고 리더가 속한 조직의 특성, 리더 자신의 특성, 조직 구성원의 특성에 따라 좋은 의사 결정이 달라진다. 그런데 나쁜 의사 결정은 공통된 패턴이 있다. 의사 결정을 잘하려면 일단 나쁜 의사 결정을 하지 않도록 해야 하니 그 패턴에 대해 알아보자.

심리학자들은 조직 내의 문제든 조직 외부의 문제든 상관없이 대부분의 상황에서 어떻게 하면 의사 결정을 망치는지에 대해서는 의견의 일치를 보고 있다. 조직의 리더가 나쁜 의사 결정을 하도록 만드는 요소는 크게 두 가지이다.

첫 번째는 집단 사고이다. 집단 사고란 조직 구성원의 갈등을 최소화하고 의견 일치를 위해 집단의 결정에 비판적인 생각을 하지 않게 되는 현상을 말한다. 흔히 "우리는 하나의 집단이니까 만장일치가 가장 좋아."라고 하는데, 이게 바로 집단 사고의 한 특징이다.

집단 사고는 말 그대로 개인이 독립적으로 사고하는 것이 아니라 집단의 뜻에 자신의 사고를 맞추는 것이다. 예를 들어 평소에는 자장면을 좋아해서 누군가 "자장면은 느끼하지 않냐?"라고 하면 말싸움을 했을 사람이 있다고 하자. 그 사람이 어느 날 자기 집단에서 누군가 "자장면은 느끼해서 싫으니 다른 것을 먹자."라고 말하면 그 말이 맞는 면이 있다고 생각한다. 그러면서 굳이 반대 의견을 내놓지 않는다면 바로 집단 사고에 빠진 것이다. 어떤 때에는 조직 구성원들끼리 사이가 좋아 구체적으로 의견을 밝히지 않아도 서로 충분히 이해하고 있다고 철석같이 믿어 굳이 문제를 제기하지 않기도 한다. 서로 좋은 관계를 해치지 않으려고 갈등을 일으킬 소지가 있는 비판을 자제하는 것이다.

심리학자들의 연구 결과를 종합하면 다음 네 가지 요소가 강할수록 집단 사고에 빠질 위험이 크다. 첫째, 권위적인 리더십이다. 민주적으로 자유롭게 의견을 내놓을 수 있을 때보다 권위적으로 리더가 "이게 맞다."라는 식으로 말하고 다른 구성원들이 그 리더의 권위에 눌려 새로운 의견을 내놓을 수 없을 때 집단 사고의 가능성은 커진다.

둘째, 조직원 간의 사회적 배경과 이념이 비슷할 때이다. '같은 지역 사람끼리', '같은 학교 출신끼리', '같은 정치적 색깔을 갖고 있는 사람끼리'처럼 앞에 붙는 말은 달라도 결국 "굳이 서로 얼굴 붉히며 싸울 필요가 있을까? 좋은 게 좋은 것이니 그냥 넘어가자."라는 뜻일 때 집단 사고의 가능성은 커진다.

셋째, 외부의 의견에 대해서는 폐쇄적이고 내부의 비판에 대해서는 엄격한 경우이다. 이때 조직은 자신의 결정에 반대할 소지가 있는 외부의 영향력을 차단하려 노력한다. 외부에서 누군가 방문하는 것을 되도록 피하며, 혹시라도 함께하게 되면 철저히 경계하는 등 폐쇄적으로 자신들만의 네트워크를 유지한다. 특정 사이트를 만들어 자신의 모임에 맞는 메시지만 올리도록 한다. 그리고 외부의 메시지나 자신들의 모임 취지에 맞지 않는다고 생각하는 내부의 메시지에 대해서는 적대적으로 대한다.

넷째, 의사 결정 기한이 촉박할 경우이다. 시간이 많다면 문제점을 찬찬히 살피며 의견을 내놓을 수 있지만, 시간이 없으니 빨리 결정하는 것이 좋다는 생각이 반대 의견을 내놓지 못하게 하고 집단 의사 결정에 맞추게 한다. 이렇게 만들어진 집단 의사 결정은 위험 요소에 대한 충분한 검증을 하지 않았기 때문에 문제가 생기면 대응책이 없어 조직이 위험에 빠지게 된다.

집단 사고를 가장 많이 확인할 수 있는 사례는 무엇일까? 대표적인 사례로 북한을 들 수 있다. 북한은 정보가 자유롭게 외부로 나가지도 않고 내부로 들어오지도 않으며, 내부 결속과 조직의 결정 유지를 최우선 과제로 삼는다. 방송은 폐쇄적이고, 내부에서 비판적인 의견을 내놓는 것 자체를 금지한다. 권위적인 국가 최고 지도자가 결정하는 것을 그대로 따르려 한다. 정보를 미리 공개해서 국민들의 의견을 모으는 것이 아니라, 소수의 생각을 최종 의사 결정이라고 공표한다.

북한의 사례처럼 집단 사고는 개인의 생각보다 조직의 결정을 중시한다. 하지만 결과는 좋지 않은 경우가 대부분이다. 왜냐하면 특정한 안건이 나오면 다양한 의견을 수렴하기보다는 답을 정해 두고 만장일치의 압력으로 몰아붙이기 때문이다. 그리고 일단 결정이 내려지면 주변 사람의 말을 무시하고 반대 의견을 공격하는 데 에너지를 쏟아 막상 긍정적인 성과를 만들어 내는 데 들어갈 자원을 낭비하기 때문이기도 하다.

일상생활 속에서도 집단 사고의 사례는 많다. 심심치 않게 뉴스에 오르내리는 사이비 종교 집단이 대표적이다. 외부인의 시각에서 보면 사이비 종교 집단의 논리는 황당함 그 자체이다. 하지만 그 집단 구성원들은 교리를 철석같이 믿는다. 오히려 진정한 구원을 모른다며 외부 사람들을 안쓰럽게 바라보기까지 한다. 폐쇄적이어서 외부 사람들이 내부 사정을 잘 알 수 없는 데다가, 내부 비판자는 엄격하게 처벌한다. 그 밖에 정치적으로 극단적인 입장을 가진 집단에서 법을 무시하는 과격한 행동을 서슴지 않는 것도 집단 사고 때문이다.

집단 사고는 조직에서 쉽게 일어날 수 있는 현상이지만, 집단 사고의 원리를 반대로 이용하는 방법도 있다. 첫째로 구성원이 자유롭게 비판할 수 있는 분위기를 만드는 것이다. 둘째, 리더는 일을 처리할 때 자신의 의견을 먼저 표현하지 않는다. 셋째, 외부의 믿을 만한 사람들에게 의견을 물어 수렴한다. 넷째, 외부 전문가를 초빙해서 회의를 진행한다. 다섯째, 회의를 할 때마다 특정인을 반론자로 선정하여 회의가 진행되는 동안 일부러 다양한 비판을 하게 한다.

두 번째로, 집단 사고만큼이나 나쁜 의사 결정을 하게 하는 것으로 집단 극단화 현상을 들 수 있다. 같은 생각을 지닌 사람들이 모여 집단을 구성하면 단순히 만장일치의 압력만 받는 것이 아니라, 개인이 원래 가지고 있던 판단 성향보다 더 극단적인 입장에 빠져드는 것이 바로 집단 극단화 현상이다. 처음에는 "나는 이것은 좀 더 하면 좋겠어."라고 단지 긍정적으로 생각한 정도였는데, 집단 안에서 여러 번 토의를 거치면서 "목에 칼이 들어와도 이것은 꼭 하고야 말 거야."라는 식으로 더 강화되는 것이 특징이다.

집단 극단화 현상은 왜 일어날까? 그 이유는 집단에서 자신의 의견을 더 도드라져 보이게 하고 싶은 욕구 때문이다. 집단 토의에서 어떤 사람이 여러분의 생각과 비슷한 방향으로 의견을 제시했다면, 여러분은 그 사람과 구별되는 자신의 생각을 강조하고자 원래 의견을 더욱 과장하기가 쉽다. 보수적인 결정을 하려고 했다면 더욱더 보수적인 의견을 내고, 진보적인 결정을 하려고 했다면 더욱더 진보적인 의견을 내놓는 식으로 말이다.

집단 극단화 현상이 가장 두드러지게 나타나는 곳은 바로 인터넷이다. 인터넷 댓글은 경쟁적으로 특정인을 욕하거나 칭송한다. 인터넷에 악의적인 글을 올렸다가 사회적으로 큰 문제를 일으켜 경찰에 잡힌 사람들은 인터뷰에서 "어쩌다 보니 그런 댓글을 달게 되었다.", "그렇게 그 사람을 싫어하지는 않았다."라며 선처를 호소한다. 마지막 순간에 자신의 죄를 발뺌하려고 하는 말이라고 볼 수도 있지만, 집단 극단화 현상에 비춰 설명할 수도 있다. 악의적인 댓글뿐만이 아니다. SNS나 인터넷 게시판에 글을 올릴 때에도 트위터 팔로어의 성향 혹은 게시판의 성격에 따라 원래 자신이 품고 있던 생각보다 더 극단적으로 올리기도 한다.

이런 집단 극단화를 교묘하게 활용해서 선동하는 정치가도 있다. 이들은 낙태나 안락사 문제, 과세나 개발 문제 등에 관해서 각종 단체를 동원하여 행사를 개최하고 비슷한 성향의 사람을 모은다. 그리고 자신이 앞장서 연설한 뒤에 참가자들이 서로 토론하게 하고 토론자와 방청객의 의견을 모아 마치 집단 구성원들의 평소 생각인 것처럼 발표한다.

때로 집단 극단화는 집단 특유의 것을 강조하여 다른 집단에 공격적으로 반응하게 만들기도 한다. 2차 세계대전 때 나치는 독일 국민들을 선동하여 '게르만 민족의 영광'을 앞세우며 다른 민족의 소멸을 꿈꾸는 극단적인 상황에까지 이르게 했다. 개인적으로는 무고한 사람을 죽이는 살인자가 된 자신을 상상조차 하지 않았던 사람들까지 말이다.

개인적 생각을 집단에 맞춰서 극단적으로 몰아붙이면 나중에 왜 그런 판단을 했는지 후회하게 되는 경우가 많다. 따라서 집단 토의를 한 다음에도 애초에 자신이 가졌던 생각과 초심을 잊지 않으려고 노력해야 한다. 자신의 생각이 얼마나 변했는지, 어떤 명확한 근거에 의해 변했는지, 그저 비슷한 사람들과 상호 작용한 것만으로 변한 건 아닌지 성찰해야 한다. 아울러 동질 집단 안에서만 생각하기보다는 다른 성향의 집단과도 접촉하면서 균형을 잡으려 노력해야 한다.

3. 협상 능력

의사 결정을 잘했다고 해서 리더로서 할 일이 다 끝난 것은 아니다. 내부에서 결정된 사항을 외부로 가지고 나가서 협상하는 일이 남아 있다. 예를 들어 어떤 학생이 공약을 내걸어 반장으로 선출되었다고 가정해 보자. 그 공약을 실행하기 위해 학생이나 선생님 등과 협상하는 과정이 필요하다. 그런데 여기에서 중요한 점은 협상은 적당한 선에서 멈추는 절충이 아니라는 것이다. 때로는 절충도 필요하겠지만, 기본적으로 협상은 자신이 원하는 것을 얻어 내는 기회라는 것을 알아야 한다. 마지막 순간까지 자신이 원하는 것을 상대에게서 얻어 내려 최선을 다하는 것이 바로 협상의 기본 자세이다.

앞의 예에서 반장이 적당한 타협을 한다면, 반장의 공약을 믿고 표를 준 학생들의 심정은 어떨까? 리더로서 협상을 잘했다고 생각할까? 자신들의 믿음을 저버렸다고 생각하지 않을까?

다시 한 번 강조하건대 협상은 절충이 목적이 아니다. 섣부른 절충은 양쪽 모두에게 손해만 입힌다. 예를 들어 체육 대회를 앞두고 반 티셔츠를 맞추기 위해 반장이 학생들의 의견을 물어보았다고 가정해 보자. 파란색과 빨간색이 비슷하게 나오고 격렬한 토론이 오가자 반장이 나서서 양쪽 모두에게 상처를 주지 않겠다며 노란색으로 정한다면 어떻게 될까? 녹색이나 회색으로 정하면 더 나아질까? 혹은 티셔츠를 딱 반으로 나눠 왼쪽은 파란색, 오른쪽은 빨간색으로 하는 게 가장 좋을까?

만약 투표를 해서 파란색이 가장 많이 나왔다면 어떨까? 이번에는 파란색을 먼저 하고, 나중에 다른 행사 때에는 빨간색으로 하자고 대안을 내놓는다면 어떨까? 축제와 소풍 등 여러 행사에서 단체복을 입을 일이 있을 테니 괜찮을 것이다. 하지만 일년에 두 번 옷을 맞추는 것이 비용상 문제가 된다면 어떻게 해야 할까? 그때는 이번 체육 대회의 순위를 구체적인 목표로 정해 놓고 그 이상 달성했을 때 다른 재원을 줄여서라도 옷을 맞추기로 하자고 반장으로서 제안하면 된다. 체육 대회 자체도 더 잘즐길 수 있고, 설령 자신이 좋아하는 색이 채택되지 않은 학생들도 절차적으로 공정했다는 생각을 하고 결과를 받아들이게 될테니까.

이렇게 각자의 의견을 인정하면서 가장 적절한 대안을 찾는 능력이 협상력의 핵심이다. 그저 중간 지점에서 일을 후딱 처리해 버리는 것이 협상을 잘하는 것은 아니다.

리더가 되기 전에도 협상력을 키울 수 있는 기회는 많이 있다. 시장에 가서 물건을 살 때 흥정하는 것, 반대로 온라인 중고 시장에서 물건을 팔 때 얼굴도 모르는 상대와 흥정하는 것, 가족끼리 가사 분담을 할 때 어떤 일을 맡을 것인지 상의하는 것, 조별 과제에서 어떤 세부 과제를 담당할지 정하는 것 등에서도 협상력을 키울 수 있다.

여러분도 경험을 통해서 알고 있겠지만, 이런 기회를 접했을 때 그저 자신의 주장만 되풀이한다고 해서 원하는 것을 쉽게 얻어 내지는 못한다. 자신이 원하는 것을 얻기 위해서는 협상의 기술이 필요하다. 이제 그 기술을 알아보자.

첫째, 기준점 옮기기 기술이다. 만약 상대가 너무 높은 가격에 물건을 팔려고 한다면, 내가 생각하는 적정 가격보다 일부러 낮게 불러 상대방의 기준점을 낮추는 것이다. 그런 다음 상대방이 가격을 조금 낮추면 내가 생각하는 적정 가격에 좀 더 가깝게 살짝 올려 주는 식으로 점차적으로 기준점을 옮기는 기술이다. 이 기술은 꼭 가격을 정하는 데에만 적용되는 게 아니다. 만약 조별 과제에서 조장이나 특정 팀원이 여러분에게 너무 많은 일을 몰아 주려고 한다면 아예 자신이 할 수 있는 최소한의 일만 하겠다고 밝혀 보자. 그러면 일을 분담할 기준점이 변하게 되어, 처음에는 당연히 시키려고 했던 일도 여러분이 인심 쓰듯 맡아 주면 상대방은 오히려 고마워하게 된다.

둘째, 상대방이 부담스러워할 결과를 먼저 말하기이다. 협상을 하다 보면 서로 이익이 부딪혀서 일이 앞으로 나아가지 못할 때가 있다. 이럴 때 계속 자신의 주장을 내세워 봤자 소용이 없다. 차라리 이야기를 확 바꿔서 상대방의 마음을 리셋하는 것이 효과적이다. 예를 들어 학교에서 교칙을 바꾸는 데 교장 선생님이 학생들의 요구를 잘 받아들이지 않는 상황에서 여러분이 임원으로 회의에 참석했다면 어떻게 해야 할까? 교장 선생님을 더 잘 이해시키기 위해 요구 항목들을 세부적으로 설명하는 것도 나쁘지는 않다. 하지만 그런 설명을 하더라도 상대방이 일단 마음의 빗장을 열고 먼저 내 이야기를 적극적으로 듣게 만들어야 한다.

"교장 선생님은 협상이 잘못되어 저희가 아니라 일반 학생 중 누군가가 교육청에 민원을 넣어도 상관없으신가 보군요."

협박이라면 여기에서 이야기를 멈출 것이다. 하지만 여러분은 지금 협상 중이기에 다음과 같은 말을 덧붙여야 한다.

"저희는 그런 결과가 생기면 학생의 대표자로서 너무 창피할 것 같아요. 수업 시간에 배운 것처럼 꼭 민주적으로 처리해서 멋진 결과를 내는 경험을 하고 싶거든요. 선생님께서 그런 불상사가 생기지 않도록 저희를 도와주고 싶으시다면 요구 사항의 어떤 부분을 고치는 게 좋을지 말씀해 주세요."

협상의 상대가 조력자로서의 마음을 갖게 리셋 버튼을 누르는 방법이다.

다른 예로, 어떤 친구와 말다툼한 뒤 관계가 서먹해졌는데 상대방에게서 이런 문자가 온다고 생각해 보자.

"내가 대체 뭘 잘못한 거니? 이야기해 봐."

이런 문자를 받으면 더 싸우고 싶은 마음이 들거나 아예 대꾸조차 하고 싶어지지 않는다. 하지만 다음과 같은 문자가 온다면 어떨까?

"나와 완전히 관계를 끊고 싶은 거야? 나는 그럴 마음이 없는

데 어떻게 해야 이 문제를 해결할 수 있을지 말해 줄래?"

무엇이 잘못되었고, 앞으로 무엇을 더 잘하면 되는지 이야기를 하도록 하는 질문이라는 점에서는 둘 다 똑같다. 하지만 멈춰 있던 이야기가 터져 나오게 하는 기술이 다르다. 후자는 상대방도 두려워하는 결과를 말한 다음에 '너'와 '나'가 아니라 '우리'의 입장에서 그 나쁜 결과를 막는 방법을 이야기하도록 만든다.

셋째, 상대방을 구별해서 전략을 사용하기이다. 앞으로 자주 볼 대상과 협상을 하는 것이 아니라면 지금 당장의 이익에 집중해야 한다. 상대방을 실망시켰다고 해서 다음 협상에 영향을 받지는 않기 때문이다. 하지만 자주 볼 대상과 협상을 한다면 어떨까? 가족과 가사 분담 상의를 하는데 잔머리를 굴려서 빠져나가면, 다음에는 상의 없이 다른 허드렛일이 주어지거나 용돈이 줄어드는 응분의 대가를 치를 수도 있다.

여러 번 반복해서 부딪히는 상대와 협상을 할 때에는 때로 양보할 줄도 알아야 한다. 단, 속으로만 '이번에는 내가 양보한다.'라고 생각할 게 아니라 겉으로 상대방에게 "이번에는 이런 부분에서 양보한다."라고 명확히 전달해야 한다. 그래야 다음에는 상대방이 양보를 해야 한다는 부담감을 느낀다. 만약 커다란 협상을 앞두고 있다면 그 전에 상대적으로 작은 협상에서 져 주는 것도 좋은 전략이다.

넷째, 부정적인 말을 해야 할 때는 마침표로 끝내지 말고 물음표로 끝내자. 예를 들어 "이건 마음에 들지 않는 제안이네요."라고 이야기하기보다는 "더 좋은 제안이 없을까요?"라고 이야기하는 식이다. 둘 다 이번 제안을 받아들일 수 없다는 뜻이지만 의문문으로 이야기했을 때가 훨씬 더 부드러워 보인다. "네가 제 역할을 다하지 못해서 조별 과제가 엉망이 되고 있어. 그래서 이번에 그 일에서는 빠져 주는 게 좋겠어."라고 말하기보다는 "네가 더 재미있게 열심히 일할 수 있는 작업으로 무엇이 있을까?"라고 하는 게 쓸데없는 말싸움을 피하면서 상대방의 변화를 유도하는 방법이다.

다섯째, 이익을 더 많이 봐야 하는 협상과 손해를 덜 보면 되는 협상을 구별하기이다. 협상에는 내가 공세를 취해서 이익을 더 많이 봐야 하는 상황이 있다. 하지만 내가 오히려 역공을 당해 손해를 더 보지 않는 것에 감사해야 하는 상황도 있다. 적극적으로 나의 이익을 이야기하는 상황과 상대방이 자신의 이익을 관철하려고 이야기하는 상황은 전혀 다르다. 같은 선수라도 공격과 수비 때의 모습이 달라지듯이 두 상황에 따라 방법을 다르게 해야 한다.

예를 들어 집안일 분담에 대한 이야기가 나왔다면 공격적으로 나서는 것이 좋을까, 아니면 수비적으로 움츠러드는 것이 좋을까? 물론 집안일의 종류를 일목요연하게 정리해 굳이 일 년에 몇 번 하지 않는 항목까지 들춰내면서 '나는 이것을 꼭 맡겠노라.' 선언하며 가족에 대한 사랑을 확실하게 보여 주는 사람도 있을 것이다. 하지만 대부분은 수비적으로 움츠러드는 쪽을 택한다. 어쩌다 일이 정해지려나 싶으면 "일단 이렇게 결정하기는 하지만, 세부적인 것은 그때 상황 봐서 정하는 게 어때?"라는 말을 하기도 하면서.

여섯째, 실패를 할 때에도 반전의 기회를 꼭 확보하기이다. 지금 당장은 자신의 이익을 포기해야 할 경우도 있다. 하지만 그 포기가 다음 기회를 확실히 확보하는 것이 된다면, 그것은 포기가 아니라 투자가 된다. 만약 전교 회장이 공약에 넣은 교복 바꾸기를 학교에 제안했는데 협상에서 실패했다면? 당연히 비판을 받을 것이다. 대신에 향후 학생들의 의견을 물어 결정에 반영하는 투표 기회라도 얻었다면 지지자들은 리더의 협상력에 완전히 실망하지는 않는다.

진정한 리더십 찾기

중학생 자녀의 어머님이 우리 상담실을 찾았다. 어머님은 차분히 이야기를 시작했다.

"우리 애가 초등학교 때까지 학급 회장을 여러 번 했어요. 이대로만 커 주면 리더로서 잘되겠구나 싶어 뿌듯했어요."

어머님은 잠시 미소를 지었다가 한숨을 길게 내쉬었다.

"그런데 중학교 들어와서 본 적성 검사가 애를 망쳤어요."

"네? 왜요?"

"리더십 점수가 낮게 나왔거든요. 정말 이상하지 않아요? 매년 학급 회장을 도맡다시피 한 애가 리더십이 없으면 대체 누가 있다는 거예요?"

어머님은 처음에는 적성 검사를 무시했지만 찜찜한 기분을 떨쳐 버릴 수가 없었다며, 적성 검사와 리더십에 대한 답을 줄 만한 심리 전문가를 찾다가 나에게 오게 되었다고 말했다. 나는 우선 학생의 상태를 자세히 물었다. 어머님의 대답에 따르면 자존감에 상처를 많이 입었고, 여태까지 생각했던 자기 자신과 달라 혼란스러운 상태인 것 같았다.

나는 다음번에는 어머님이 아니라 당사자인 학생과 직접 이야기를 나누고 싶다고 말했다. 자녀의 리더십이 어느 정도인지부터 확인해야 현 상황과 앞으로의 해결책에 대해 정확한 답변을 드릴 수 있다고 했다. 하지만 어머님은 일단 적성 검사의 리더십 결과에 대한 답만 얻어도 상황이 많이 나아질 것이라고 목소리를 높였다.

"어머님, 적성 검사는 절대적인 것이 아니라 참고 자료일 뿐이니 심각하게 받아들이지 않아도 됩니다. 하지만 리더십을 키우려면 반장이 되는 것 이상의 노력이 필요해요. 이번 기회에 그 방법을 아드님이 배워서 실행하면 더 효과가 있을 거에요."

내 대답에 어머님의 입가에 미소가 번졌다. 하지만 내가 바란 것과는 다른 방향이었다.

어머님은 안 그래도 아이를 여러 유명한 리더십 캠프에 참가시킬 계획이라고 말했다. 나는 과거의 이론에 바탕을 두고 운영하는 캠프들의 장단점을 설명했다. 무엇보다도 그 캠프 출신들이 실제로 리더십이 좋아졌다는 것을 확인할 수 있는지를 생각해 보시게도 했다.

그리고 2015 개정 교육과정에도 맞는 미래 지향적인 리더십을 키우기 위해 사회적 상호 작용 기술 등 더 필요한 것들을 조목조목 말했다. 하지만 어머님은 이해하지 못했다. 이 책에서 살

퍼본 것처럼 리더십이라고 하면 가장 먼저 떠오르는 카리스마적 리더십 개념에 사로잡혀 새로운 현실에 맞는 리더십을 무시했다.

현실을 보자. 과연 자신이 옳다고 생각하는 바를 강력하게 밀어붙이는 조장이 없어서 중·고등학생이나 대학생이 학교의 조별 과제를 힘들어하는 것일까? 오히려 조장이 그냥 밀어붙여서 조원들의 불만을 사는 경우가 더 많지 않을까? 혹은 리더 못지 않게 조원들도 저마다 자신의 주장을 굽히지 않기에 서로 힘든 것은 아닐까? 조원들이 무임승차를 하려 갖은 꼼수를 쓰는데도 리더로서 잘 이끌지 못해 리더만 힘든 상황이 벌어지는 것은 아닐까? 이때 '리더로서 필요한 능력은 과연 무엇일까?'라는 질문을 하기 전에 이런 의문을 가져보자. 학생들이 조별 과제에 대한 불만이 많은데도 왜 교육 시스템은 조직 안에서 일하는 경험을 갖도록 하는 것일까?

교육은 학생을 괴롭히기 위해서 만든 것이 아니다. 교육의 목적은 명확하다. 첫째, 엄연한 사회 구성원인 학생이 현재의 사회에 적응하도록 돕기 위해서이다. 둘째, 미래의 인재인 학생이 다가올 변화에 대비하도록 돕기 위해서이다. 그래서 현실과 미래의 리더십 모두를 볼 수 있도록 이 책을 구성했다. 이 책을 읽다 보면 다음과 같은 질문에 스스로 답변하게 될 것이다.

지금 왜 학교뿐만 아니라 회사와 기관에서도 팀을 구성해서 문제 해결을 하려고 할까? 왜 프로젝트에 따라 팀 조직을 유연하게 바꿔 가며 때로는 낮은 직급의 사람에게도 리더를 시키는 것일까? 기업이나 기관에는 엄연히 최고 책임자가 있는데도 왜 한목소리로 전 직원들에게 글로벌 경쟁력이 있는 리더십이 필요하다고 하는 것일까? 그리고 구체적으로 어떤 자세와 능력을 가져야 학교와 회사와 기관에서 원하는 리더가 될 수 있을까?

리더십은 흔히 '지도력'으로 번역된다. 하지만 이 말은 리더십의 다양한 특성 중에서 특정 목표를 이루도록 구성원을 이끄는 부분만 생각하게 한다. 현재와 미래 사회에 모두 적합한 리더십에는 다른 사람을 이끄는 능력 이상이 필요하다.

과연 리더십은 무엇일까? 이 질문에 대한 답은 복잡하다. 역사적으로 리더십의 개념이 변해서 답도 역사적으로 다르다. 왜냐하면 사회와 인간의 마음이 변했기 때문이다. 그래서 청소년이 길러야 하는 리더십을 이해하려면 사회와 인간 심리의 변화부터 이해해야 한다. 이 책이 과거의 리더십에서 차례대로 살펴보는 순서로 구성된 것도 이 때문이다. 이 책은 과거의 낡은 개념에서 벗어나 미래 지향적인 리더십을 독자 스스로 찾도록 했다. 각 장의 뒷부분에 앞의 내용을 정리해 놓아, 그것을 읽다 보면 각 리더십에서 배우는 요소가 다를 뿐만 아니라 점점 더 미래에 맞는 리더십을 찾아 나가는 과정을 확인할 수 있다.

"자리가 사람을 만든다."라는 말이 있다. 하지만 자리도 사람을 만들지 못하는 경우가 많다. 대통령 자리에 있다고 대통령으로서의 리더십을 잘 펼치고, 최고 경영자 자리에 있다고 CEO로서의 리더십을 잘 펼치는 것은 아니다. 오히려 리더로서 준비되지 않은 사람이 자리에 올라가 많은 사람에게 심각한 피해를 주기도 한다. 대통령, 경영자, 팀장의 자리까지 어떻게든 올랐으나 자리가 사람을 만들지 못하고 문제만 만들어 쫓겨나는 사례를 우리 주변에서 쉽게 찾을 수 있다. 아무리 어릴 때부터 줄곧 반장을 했다고 해도, 떼를 많이 쓰거나 남이 시키지 않으면 어떤 일을 스스로 하지 않는 사람에게 리더십이 있다고 할 수 있을까?

이런 예들에서 알 수 있듯이 리더십은 자리의 문제가 아니다. 리더로서 자신의 삶을 사는 자세의 문제이다. 남을 이끄는 지도력 이전에 자신의 삶을 사는 자세의 문제! 이것은 이 책이 담고 있는 리더십에 대한 여러 관점 중 하나인 셀프 리더십의 내용이다.

그뿐만 아니라 이 책에서는 독자 스스로 자신에게 맞는 것을 선택할 수 있도록 가급적 다양한 리더십의 관점을 소개하고자 노력했다. 그리고 분명히 단점이 있는 리더십에서도 긍정적으로 활용할 부분을 찾아내어 독자의 리더십 개발에 도움이 되도록 했다. 혹시 독자의 생각과 다른 내용이 있다면 리더십을 발휘해서 자신에게 맞는 것을 얼마든지 자유롭게 선택할 수 있다. 그래서 각 장의 제목도 질문으로 많이 표현했다. 이 책에서 제시한 내용이 답이 안 된다면 선호하는 리더십과 관련된 질문을 하면서 스스로 생각과 지식을 더 강화시킬 수 있도록 말이다.

예전에 쓴 책 『어쩌다 영웅』에서 고백했던 것처럼 나는 개인적으로 학교나 조직에 있을 때 리더는 고사하고 구성원으로서 주어진 역할도 쫓아가기 버거웠던 사람이다. 수행 평가, 성적, 동료 관계는 바닥이었고, 기회가 되면 조직에서 벗어나려고 안

달했다. 청소년기에는 가출로, 청년기 이후에는 이직으로.

왜 그렇게 적응하지 못했을까 생각하니, 가장 낮은 단계의 리더십의 출발점이 보였다. 그리고 지금은 다양한 전공의 연구원들이 있는 심리변화행동연구소의 소장, 문화로스팅 카페의 공동 대표, 문화생활협동조합 조합원 등 다양한 조직 속에서 다양한 직급으로 제각각 행복한 이유를 생각해 보았다. 그러다가 리더십에 대한 글을 쓸 자신감을 얻게 되었다. 그 자신감의 결과물이 여러분에게도 도움이 되기를 바랄 뿐이다.

2018년 여름,
이남석

이젠 진짜 리더십이 필요해!
십대를 위한 리더십 사용 설명서

2018년 9월 12일 1판 1쇄
2020년 12월 31일 1판 2쇄

지은이 이남석

편집 정은숙, 박주혜   디자인 홍경민
마케팅 이병규, 양현범, 이장열   홍보 조민희, 강효원   제작 박흥기
인쇄 코리아피앤피   제본 J&D바인텍

펴낸이 강맑실   펴낸곳 (주)사계절출판사
주소 10881 경기도 파주시 회동길 252
전화 031)955-8558, 8588   전송 마케팅부 031)955-8595 편집부 031)955-8596
홈페이지 www.sakyejul.net   전자우편 skj@sakyejul.com
블로그 skjmail.blog.me   페이스북 facebook.com/sakyejul   트위터 twitter.com/sakyejul

ⓒ 이남석 2018

ISBN 979-11-6094-388-7 44330
ISBN 978-89-5828-570-0 (세트)